Claudia Hagge

Wir küssen nicht mehr jeden

Claudia Hagge

Wir küssen nicht mehr jeden

Der Weg zu Mr. Right mit 50+

J.P. BACHEM EDITIONEN

Bibliografische Information der Deutschen Nationalbibliothek
Die Deutsche Nationalbibliothek verzeichnet diese Publikation in der
Deutschen Nationalbibliografie; detaillierte bibliografische Daten sind im
Internet über **http://portal.dnb.de** abrufbar.

1. Auflage 2019
© J. P. Bachem Editionen, Köln 2019
Lektorat: Cornelia Rüping
Layout und Satz: Jeanette Frieberg, Buchgestaltung I Mediendesign, Leipzig
Grafiken Innenteil: iStock.com/TPopova (Kapitelziffern),
iStock.com/Sasha Brazhnik (Lippenstift),
iStock.com/Reinkefox (High Heel)
Druck und Bindung: Livonia Print, Lettland

ISBN 978-3-404-61708-1 Buchausgabe
ISBN 978-3-7325-8946-3 E-Book

Aktuelle Programminformationen finden Sie
unter www.bachem.de/verlag

Auch als

Inhaltsverzeichnis

Hello, Mr. Right!

Die Männer und WIR. Das ist eine unendliche Geschichte. Sich verlieben. In einem Traum verlieren. Wieder aufwachen. Den Herzblitz verwerfen. Oder eine Sehnsucht zulassen und ihr Raum geben. Alles ist möglich – jeden Tag, jede Stunde, jede Sekunde. Auch jetzt mit 50 und mehr Jahren. Es hört nie auf, dass wir uns für einen Mann als Mann interessieren. Die Liebe bleibt ewiges Thema. Nur bekommt sie mit den Jahren eine andere Dimension.

Mit 50+ kommt alles auf den Prüfstand. Die Frage aller Fragen heißt nun: Soll alles so bleiben wie bisher, oder wollen wir noch einmal ein neues Glück wagen? Sind wir so mutig, zetteln wir eine Revolution in unserem Leben an. Aber wäre das schlimm, wenn wir dadurch wahre Erfüllung mit dem richtigen Partner finden? Nun, wir Ladys 50+ sind tough genug, das durchzuziehen. Wir haben uns ja schon in unserer Jugend neu erfunden. Egal, was kam – Mode, Musik, Make-up –, wir stellten alles auf den Kopf. Und was machen wir heute?

Wir schauen mit Neugier auf das, was kommen mag. Und wir leben eine Philosophie, die so schlicht wie wahr und beglückend ist: Es ist nie zu spät, neu anzufangen. Deshalb ist es auch nie zu spät, sich für eine neue Liebe zu entscheiden. Vor allem ist es nicht zu spät, für ein erwachsenes Glück so manches anders zu machen als in allen Beziehungen davor.

Dieses Buch soll Sie, liebe Leserin, nicht anleiten, wie Sie wo den richtigen Mann auftun. Nein, das nicht. Vielmehr möchte ich Sie dazu ermuntern, Ihrer Energie 50+ zu vertrauen. Verlassen Sie sich auf sich selbst – und Sie machen alles richtig. Auch in der Liebe.

Viel Glück auf dem Weg zu Mr. Right!
Ihre Claudia Hagge

Der Weg zu Mr. Right führt nur über uns selbst

Jetzt ein Mr. Right? Jetzt mit 50+? Aber ist das nicht eine Frage für ganz junge Hühner? Wer ein »Mr. Right« ist, war doch DER Klassiker unter den Storys, die wir vor 30, 40 Jahren in allen Frauenzeitschriften rauf und wieder runter gelesen haben. Mit diesen lustigen Selbsttests, die uns die Augen öffnen sollten, welcher Typ Mann denn nun für uns der wahre Glücksbringer sei.

Ganz ernst mochten wir dieses Psycho-Frage-Antwort-Spiel schon damals nicht nehmen. Trotzdem setzten wir unermüdlich Kreuzchen, zählten Punkte und ... Simsalabim: Eines der beschriebenen Männer-Temperamente war – je nach erreichten Points – DER passende Typ Mann für ein ganzes Leben.

Natürlich war unser persönliches Ergebnis nicht der Maßstab für unsere spätere Männerwahl. Aber die grundsätzliche Richtung, in die es in der Liebe gehen konnte, hatte ein Bild. Und es blieb auch etwas davon hängen. Nur was tatsächlich an Beziehungen dabei herauskam, war, vorsichtig formuliert, nicht wirklich für immer passend. Das haben wir bei unseren Freundinnen erlebt und im schlimmsten Fall auch selbst erfahren.

Die vorgestellten Männer-Kategorien – meistens waren es drei und immer nach demselben Schema – konnten in der Realität alles und nichts bedeuten. Schließlich lässt sich jeder Charakter in jedem Typus wiederfinden. Und so konnte die Antwort auf die Frage nach Mr. Right im wahren Leben ebenso gut in einem Fiasko enden. Erwartungen und Irrtum in der Liebe waren damit quasi vorprogrammiert.

Wie sollte zum Beispiel der »häusliche Typ« sein, den Partnerschaftspsychologen für ihre Tests erdacht hatten? Nun, bis auf eine sehr allgemeine Schilderung überließ man dies getrost unserer Fantasie. Wir wünschten uns einen, der sexy ist und trotzdem treu. Einen Partner *in crime*, der es ernst meint und mit dem man trotzdem viel Spaß haben kann.

Aber »häuslich« ging leider auch anders. Zum Beispiel dann, wenn ER sich als langweiliger Stubentiger entpuppte, der zwar Steckdosen reparieren und die Dachpfannen auswechseln konnte. Aber im Taxi nach Paris? Nur für eine Nacht? Das sprengte bei so manchen Haus-Typen schon die Vorstellungskraft. Schwer enttäuscht wurden Frauen, wenn ihr »Heimtier« nur noch in der Garage vor sich hin werkelte oder in den Keller zu Spielzeugeisenbahn und Modellbaukasten abtauchte.

Und hätten wir damals glauben wollen, dass uns ausgerechnet der »romantische Typ« richtig auf den Zeiger gehen kann? Als romantisch fiel (als wir jung waren!) ja meist der verträumte Ökofreak auf, der gern zuckerfreie Marmelade einkochte, sich als Hausmann gefiel, schon mittags die Kerzen anzündete und am liebsten die Babys selbst gestillt hätte. Bei jedem Kuss kratzte sein Norwegerpullover aus Schafswolle. Und seine Ökosandalen waren auch nicht gerade schick.

Wer sich an den »Macher«, das Alphatier verlor – den dritten Typus im Bunde –, konnte emotional neben einem selbstverliebten Karriere-Junkie erfrieren. Ein Ego-Fritze, der auch zuhause als Mister Wichtig auftrumpfte. Natürlich schob er Termine vor, wenn die Kids krank waren und wir ihnen die Fieberwickel allein anlegen mussten. Ganz zu schweigen von den Demütigungen, wenn das Alphamännchen jeder Praktikantin hinterhertelefonieren musste …

Was sollten wir auf Dauer mit solchen Typen nur anfangen? Nicht in unseren kühnsten Träumen hätten wir uns solche Partner ausmalen können, als wir die Mr.-Right-Seiten von »Bravo« bis »Brigitte« verschlangen. Es waren flirrige Zeiten, als in der Liebe alles auf Start stand, wir aber gar nicht wussten, wie das Schicksal spielen kann.

Unser Einsatz stand auch in überhaupt keinem Verhältnis zum Ergebnis, gemessen an der Energie, die uns die Suche nach Mr. Right gekostet hat. Stunden über Stunden bei vielen Gläschen Wein hockten wir bei unseren besten Freundinnen und immer kreiste alles um dieselben Fragen: Warum ruft ER nicht an? Was ist an seiner Neuen so toll? Wie kann MANN nur so bescheuert sein und UNS verlassen? Alles drehte sich darum, wo Mr. Right gerade ist, wie wir ihn finden oder wieder zurückgewinnen – und wie wir ihn für immer einfangen.

Sind wir wirklich durch mit ihm?

Soll sich das JETZT alles wiederholen? Nein. Ausgeschlossen. Nie wieder. Dieses Gezeter um einen Kerl liegt nun wirklich sehr lange hinter uns. Dazu haben wir alle zu viel erlebt – und wir haben sehr unterschiedliche Erfahrungen gemacht: Manche von uns wurden in ihren Beziehungen sehr glücklich oder halb glücklich und manchmal auch überhaupt nicht happy. Wir heirateten und entheirateten uns. Bekamen Kinder oder keine. Wurden Großmutter oder auch nicht. Blieben Single bis heute oder sind die vierte Ehe eingegangen, die nun endlich zündet oder wieder einmal nicht …

Jede Frau blickt auf ihre eigene Liebesbilanz. Jede weiß für sich, was IHRE Wahrheit in Sachen Liebe ist. Und jede kann heute ihre ganz eigene Antwort auf die Frage finden, WER jetzt ihr Mr. Right sein kann – und ob sie überhaupt noch Lust hat auf das schöne, große Abenteuer »Mann«.

Für nicht wenige scheint das Thema Partnerschaft abgehakt – glaubt man ihren schnell dahingeworfenen Worten wie »Damit bin ich durch« oder »Mir kommt kein Mann mehr ins Haus!«. Aber wie ernst müssen wir diese abwehrende Haltung nehmen? Mal ehrlich: Sind das nicht auch Behauptungen, die uns vor möglichen Enttäuschungen schützen sollen? Frei nach dem Motto: »Lieber alles dichtmachen, als noch einmal Herz und Tür dem Falschen öffnen«?

Dieses Buch will niemanden bekehren und aus einem selbst gewählten Rückzug locken. Es ist ein Angebot, die Sache mit Mr. Right noch einmal zu überdenken und neu anzugehen. Soll das denn wirklich alles gewesen sein? Nie wieder Liebesfieber?

Nie wieder Zärtlichkeit? Nie wieder Sex? Nie wieder WIR, kein du und ich? Im Prinzip ist doch alles da: ein sinnliches Gefühl, die Sehnsucht nach starken Armen, die Lust, neu zu beginnen, und der Traum davon, dass sich für uns noch einmal die ganze Erde dreht.

Ich sage: Die schönste Liebe leben wir JETZT, weil wir heute viel mehr über UNS SELBST wissen.

Ja, alles ist möglich, gleichgültig, wo wir persönlich gerade stehen. Zum x-ten Mal geschieden, unglücklich gefangen in einer langen, trüben Ehe, seit Jahren solo unterwegs oder gerade besonders traurig, weil uns der Lebensmensch verlassen hat oder bereits seit Langem verstorben ist. Wenn da nur nicht dieses eine große Rätsel wäre: Wie finden wir Mr. Right? Woran liegt es, dass es nicht so einfach ist, jetzt, in unseren besten Jahren, noch einmal ein neues, großes Glück zu leben? Wir hören die Bedenken und Einwürfe von allen Seiten, dass ja nun der Markt an akzeptablen Männern mit 50+ recht übersichtlich sei. Nicht wirklich befriedigend beantwortet ist auch die Frage, wie weit uns eigentlich Kontaktbörsen im Internet bringen oder die vielen Partnervermittlungen und Heiratsanzeigen in Zeitschriften.

Wir wollen die vielen Möglichkeiten, einen Mann für den Rest des Lebens auszumachen, hier nicht schlechtreden. Aber Hand aufs Herz: Wir Frauen mit 50, 60, 70 und mehr Jahren – wir müssen uns doch nicht anbieten wollen. Warum tun wir uns diesen Stress an, gar Persönlichkeitsprofile mit unseren Vorzügen und Vorlieben in ein Portal zu stellen? Uns dabei mühen, besonders witzig und originell zu sein, um ein Phantom zu faszinieren. Ja, viele sind so fleißig und manche sind auch erfolgreich damit – aber ist das allein der Weg zum Glück?

Wir wollen nicht auf die Pirsch gehen müssen

Ich meine: Der Weg zu Mr. Right führt nicht über einen Makler, sondern über unser ganz eigenes Navigationssystem. Und dabei gehen wir nicht einfach auf die Pirsch, um irgendwo irgendeinen Mann aufzutun. Auf dem Weg zu DEM Richtigen fangen wir erst einmal bei uns selbst an. Wir halten nicht nervös Ausschau, wo ER denn sein könnte. Wir richten den Blick zuerst auf uns selbst und schauen: WER SIND WIR JETZT?

Und was wir Frauen mit 50, 60, 70 Jahren heute sind – das kann sich nun wirklich sehen lassen!

Nie waren Frauen in dieser Lebensphase schöner, freier und selbstbestimmter als heute. Nie waren wir so ehrlich wie heute, unsere Wünsche zu formulieren und sie auch durchzusetzen. Wie bedeutsam das JETZT für eine neue Liebe sein kann, ist wahrscheinlich weder den Männern noch uns Frauen bewusst. Wir wissen, was wir wollen – und was wir nicht mehr wollen.

Mit 50+ sind wir eine andere Person. Wir haben die Power, uns vollkommen neu aufzustellen. Wir haben unsere Pläne. Wir haben ganz neue Ansprüche. Liebe leben wir heute nach anderen Regeln. Für ein neues Glück wollen wir uns nicht kleinmachen müssen, nur weil vielleicht die Auswahl an männlichen Wesen begrenzt geworden ist. Wenn eine Partnerschaft, dann bitte eine, in der die Balance stimmt. Unsere kostbare Zeit mit Mr. Wrong verplempern? *Never ever.*

Noch nie gab es die Garantie dafür, dass der Richtige wie durch Zauberhand in unser Leben fliegt. Aber heute haben wir ein gut funktionierendes Frühwarnsystem, wenn es um einen potenziellen Partner geht. Wir müssen es nur einschalten. Und dann wissen wir sehr genau, ob tatsächlich ein Mr. Right vor uns steht. Ebenso spüren wir heute sehr schnell, dass wir besser die Reißleine ziehen, wenn ER nicht hält, was der erste Eindruck verspricht.

Die Frage ist nicht, ob und auf welche Weise wir Mr. Right irgendwo treffen, sondern vielmehr, mit welcher Haltung wir einem Mann begegnen wollen. Ob es noch einmal einen Mr. Right für uns geben wird, liegt zunächst ganz allein bei UNS SELBST.

Kein Kreuzchen-Test schenkt uns einen Mr. Right. Keine Suchanzeige im Internet serviert immer den Richtigen. Liebe mit 50+ geht anders und in Wahrheit viel schöner – weil wir so viel mehr erlebt, erfahren und gelernt haben. Und damit so viel mehr über uns selbst wissen.

Auf der Reise zu Mr. Right machen wir uns jetzt klar: Wer bin ich – Wer bin ich nicht (mehr)? Was will ich – Was will ich nicht (mehr)? Wie will ich leben – Wie will ich nicht (mehr) leben? Wer kommt als Mann infrage – Welcher Typ Mann kommt mir nicht (mehr) ins Haus? Wer uns jetzt erobern darf, muss ein wahrer Prachtkerl sein. Wir mögen keine Spielchen mehr. Wir wollen ja nicht wieder dort stehen, wo wir am Anfang schon einmal waren.

Liebe Ladys 50+, die Sache mit Mr. Right kann etwas werden, wenn … ja, wenn wir es nur ein bisschen anders angehen als einst.

1

Eine neue Liebe – aber ist jetzt überhaupt die Zeit dafür?

Viele Frösche küssen, bis ein Mr. Right kommt? Das ist *long time ago*. Heute machen wir so etwas nicht mehr. Mr. Right ist ja auch keiner, dem wir uns wie ein Teenager kopflos in die Arme stürzen. Nein, auf den Richtigen mit 50+ sind wir vorbereitet! Mr. Right ist nämlich der Mann, nach dem wir uns schon lange sehnen – und dem wir uns gedanklich schon lange nähern. Aber wer ist so ehrlich und gibt das freiwillig zu? Sogar vor uns selbst verdrängen wir oft diesen Impuls. Lieber wursteln wir weiter als Single-Wesen vor uns hin und schlagen uns tapfer solo durchs Leben. Oder wir verharren im Dickicht einer langen, festen Beziehung aus Gewohnheit und Enttäuschung, Vertrautheit und Sich-nicht-verstanden-Fühlen, erstickender Einsamkeit und Liebesersatzstrategien. Aber auf die Art, liebe Ladys, wird es nichts mehr mit Mr. Right! Zumindest nicht in diesem Leben.

Also, wollen Sie jetzt einen Mr. Right? Oder lieber doch nicht, weil es ja schiefgehen könnte? Oder weil es gerade nicht passt? Oder weil Sie den Traum von der großen Liebe längst begraben haben? Um einem Mr. Right an unserer Seite überhaupt eine Chance zu geben, sollten wir uns bewusst machen, was wir eigentlich wollen. Das klingt selbstverständlich, ist es aber nicht. Die meisten von uns schieben die Vorstellung von einer richtig guten Partnerschaft dann doch wieder weg – frei nach dem Motto: »Alles kommt, wie es kommen soll, und bis dahin lassen wir alles so laufen.«

Mr. Right, wir haben dich auf dem Zettel

Warum tun wir das? Ist es die späte Gelassenheit, die man uns nachsagt, die aber die wenigsten von uns tatsächlich empfinden? Oder gehen wir zu gleichgültig mit unseren Träumen und heimlichen Wünschen um? Ich finde: Unsere Gefühle verdienen Respekt, und zwar in erster Linie von uns selbst. Wenn wir sie verdrängen, sie einfach nicht beachten, sind wir nicht gut zu uns selbst. Gönnen wir uns also ruhig mehr Ehrlichkeit und lassen die Sehnsucht nach Mr. Right einfach mal zu. Es kann doch nicht schaden, Mr. Right – Alltagstrott hin, Bequemlichkeit und Vorsicht her – zumindest schon mal auf dem Zettel zu haben. Denn theoretisch kann er jede Sekunde urplötzlich irgendwo vor uns stehen. Und diese Chance, ihn dann willkommen zu heißen und in unser Leben zu lassen, will doch niemand verpassen.

Was aber heißt »auf dem Zettel haben«? Nun, wir sollten gewappnet sein für einen potenziellen Mr. Right. Voraussetzung dafür ist zu wissen, was mit uns los ist. Schauen wir auf unsere Liebessituation, gibt es oft eine äußere Wahrheit – und eine innere. Nach außen mögen wir zeigen, dass alles okay ist in unserem Singledasein oder unserer Beziehung oder Ehe. Aber tief in uns sieht es vielleicht ganz anders aus, etwa dann, wenn wir uns dabei ertappen, dass etwas nicht stimmt, einfach weil der richtige Mensch an unserer Seite fehlt. Aber sich das einzugestehen, es gar auszusprechen, nein, soweit wollen viele dann doch nicht gehen. Sehr viel häufiger hören wir – meistens in fröhlicher Runde unter Freundinnen – das immer Gleiche: »Ein neuer Mann? Das hat mir gerade noch gefehlt!« Doch diese Worte sind meist nur Schall und Rauch. Sie verraten eben nur, dass die schlechten Erfahrungen der Vergangenheit noch viel zu viel Platz in unserem Leben haben.

Allerdings kommen fast alle irgendwann an den Punkt, an dem sie feststellen: Liebe ist das stärkste und ausdauerndste Verlangen, das wir haben. Liebe ist der Sinn des Lebens. Und um dies zu erkennen, spielt es absolut keine Rolle, wie alt wir gerade sind.

Ich wette, dass sich sehr viele Frauen 50+ innerlich schon einmal vorgewagt und selbst gefragt haben: Was wäre, wenn ich in der Liebe noch mal ganz von vorn beginnen könnte oder würde oder wollte? Und am Ende diese Vorstellung aber nie auf die Probe gestellt haben. Ich meine: Selbst Gedankenspiele haben es verdient, einmal genauer unter die Lupe genommen zu werden.

Kann Mr. Right überhaupt ein Thema für uns sein?

Ob wir uns ein neues Glück mit einem neuen Mann vorstellen wollen, verrät – gänzlich unverbindlich natürlich – die Selbstdiagnose: Wo stehen wir, jetzt mit 50+, eigentlich mit unseren Gefühlen? Wie echt ist der Wunsch nach Veränderung? Was ist Spiel – und was ist Ernst? Verrät jeder interessierte Blick auf einen fremden Mann, dass wir Mr. Right herbeisehnen?

Keineswegs! Eine prickelnde Begegnung ist natürlich immer willkommen, sagt aber wenig über unseren aktuellen Gefühlsstatus aus. Ein Augenzwinkern für den netten Apotheker von nebenan oder interessierte Blicke im Stau hin zu dem schneidigen Cabrio-Fahrer in der zweiten Reihe – nein, das sind noch keine Signale dafür, dass uns der richtige Mann im Leben fehlt. Außerdem muss irgendeiner, der gerade des Weges kommt, kein Mr. Right sein, bloß weil er auf Teufel komm raus mit uns flirtet. Ein Flirt ist wunderbar, keine Frage. Und immer eine tolle Bestätigung dafür, dass wir gut »im Rennen« um eine Liebe mit einem potenziellen Mr. Right sein können, wenn wir nur wollen. Aber zunächst einmal ist ein Flirt nur ein willkommener Augenblick, der uns den Alltag schöner macht und uns einfach guttut. Aber schöne Augen zu machen allein reicht nicht, um tatsächlich Mr. Right zu treffen.

Die erste Frage lautet: Wie verbindlich ist meine Sehnsucht? Will ich den Richtigen – oder will ich nur ein bisschen Spaß? Letzteres ist völlig in Ordnung. Dafür müssen wir aber nicht unser ganzes Leben umkrempeln und deshalb brauchen wir uns darum auch keinen Kopf zu machen. Doch wer einen Mr. Right in Erwägung zieht oder ihn möglicherweise vielleicht gerade kennengelernt hat, sollte gut über sich Bescheid wissen. Horchen wir also einfach mal ganz mutig in uns hinein, an welchem Punkt in der Liebe wir HEUTE angekommen sind. Dabei hilft es ungemein, wenn wir darauf hören, was unser Herz UND unser Kopf dazu zu sagen haben. Denn der Weg zu Mr. Right führt zuerst über uns selbst.

Damit sind wir wieder bei unserer äußeren Wahrheit – und unserer inneren Wahrheit. Das eine ist das, was alle anderen von außen sehen können. Wie wir allein oder mit unserem Mann zusammen auf andere wirken und wahrgenommen werden – oder wahrgenommen werden wollen. Doch diese Außenwirkung kann eine Täuschung sein. Anhand des äußeren Eindrucks allein lässt sich nicht beurteilen, was wir wirklich fühlen. Entscheidend ist, was sich der Außenwelt und manchmal sogar uns selbst verschließt. Eine tief verborgene Erkenntnis darüber, was mit uns los ist. Aber genau dieses Wissen brauchen wir, wenn wir uns auf den Weg zu Mr. Right machen.

 Stellen wir uns ganz ehrlich einige Fragen, so als säßen wir bei uns selbst auf der Psycho-Couch:

- Träumen wir manchmal von einer neuen großen Liebe?
- Warum denken wir an einen Partner, den es vielleicht noch gar nicht gibt, höchstens in unserer Fantasie?
- Warum schweifen unsere Gedanken so oft ab zu einem Mann, den wir bereits kennengelernt haben, der uns gefällt und an den wir immerzu denken müssen?
- Was fehlt uns eigentlich, jetzt mit 50, 60, 70 und mehr Jahren? Haben wir nicht eigentlich alles schon mehrfach gehabt?

Die Antworten auf diese Fragen können erste Hinweise geben, dass etwas in uns ist, was wir nicht ignorieren sollten. Wir haben jetzt Gelegenheit, der Sache etwas tiefer auf den Grund zu gehen. Ob wir damit gleich dramatische Veränderungen auslösen können oder dies überhaupt wollen, ist an dieser Stelle noch nicht aktuell. Das Ergebnis kann uns jedoch dazu anhalten, mit offenen Augen durch die Welt zu gehen für den Fall, dass tatsächlich ein Mr. Right um die Ecke kommt.

Aber welche Erkenntnisse signalisieren uns, dass eine schöne Beziehung in unserem Leben fehlt und da Platz für einen Mr. Right sein KÖNNTE? Zum Beispiel diese:

- *Ich weiß gar nicht mehr, wie sich eine große Liebe anfühlt.*
- *Ich habe vergessen, wie es ist, einen PARTNER zu haben.*
- *Ich habe da jemanden getroffen, der mir nicht mehr aus dem Kopf geht.*
- *Ich möchte gern wieder spüren, wie es sich anfühlt, wenn aus einem Ich ein Wir wird.*
- *Meine Ehe ist Vergangenheit – aber ich lebe JETZT und würde es gern noch einmal wagen.*
- *Ich brauche jemanden, zu dem ich »Du« sagen kann.*
- *Ich möchte mich noch einmal RICHTIG VERLIEBEN!*

So zum Beispiel kann Sehnsucht nach einem Mr. Right klingen, wenn sich die Liebe schon lange aus unserem Leben geschlichen hat und wir betrübt darüber sind, aber trotzdem nicht den ganzen Tag darüber grübeln, wie deprimierend dieser Zustand ist.

Wenn wir also einmal ganz aufrichtig mit uns selbst sprechen, finden wir einen inneren Hinweis darauf, ob es für ein neues Glück überhaupt einen Ansatz gibt. Einfache Fragen an uns selbst zu stellen und darauf wahrhaftige Antworten zu geben – das kann der Beginn eines Wunders in der Liebe mit 50+ sein. Und dieses Wunder kann jede erleben, die diese Übung gemacht hat und dabei ehrlich mit sich selbst war. Vollkommen unerheblich ist dabei, wie unser aktueller Liebesstatus aussieht. »Eine echte Begegnung kann in einem einzigen Augenblick geschehen«, schrieb die französische Schriftstellerin Anaïs Nin. Und diese EINE Begegnung kann jede Frau in jeder Lebenssituation treffen. Aber glücklich damit kann nur diejenige werden, die ihre Antennen auf Empfang gestellt hat.

Neue Einsichten führen uns zu Mr. Right

Der achtsame Umgang mit einem verschütteten oder verdrängten Gefühl sorgt für eine bessere Selbsterkenntnis. Und diese wiederum kann sich in allen denkbaren Facetten zeigen. Was konkret für welche Frau dabei herauskommen kann, zeigen die folgenden Beispiele.

Den **Langzeit-Single-Ladys** wird plötzlich klar, dass sie sich ihr Alleinsein nicht länger schönreden wollen. Endlich lassen sie die Einsicht zu, die allen, die einmal längere Zeit ohne Partner waren, vertraut ist: Das Büro ist nicht alles. Sonntage allein im Bett, solo im Park oder verloren in der Kunsthalle – das kann auf Dauer verdammt trist sein. Ein einsames Herz lässt sich nicht über Jahre mit Job und Freundinnen kompensieren. Immerzu als Einzelperson in die Ferien und allein am Katzentisch schauspielern, dass alles hip ist, wie es ist – so schal soll Urlaub bitte nicht für immer sein.

Diejenigen, die unglücklich verheiratet oder traurig in einer **Lebenspartnerschaft** gebunden sind, gestehen sich ein, dass ihre einstige Liebe schon lange schläft. Klar wie durch ein Brennglas sehen sie, wie stumpf das Gefühl für Ehemann oder Lebensgefährten geworden ist. Da ist nichts mehr außer einer krampfhaft aufrechtgehaltenen Fassade, die aus VERsorgung und BEsorgung besteht. Das tägliche Beziehungseinerlei nur unterbrochen von regelmäßigen Treffen mit dem berühmten »Umfeld«, das aus den Alt-Freunden Herbert und Waltraud, Schwiegermutter Inge und Onkel Horst sowie dem Ewig-Junggesellen Rudi besteht. Aber wenn wir aufrichtig zu uns sind, wächst das Bewusstsein dafür, Schluss zu machen, mit der Erkenntnis, dass nur noch nebenher, aber schon lange nicht mehr miteinander gelebt und geschlafen wird.

Die Frau, die ihren **verstorbenen Mann** nicht vergessen kann, spürt: Auch ich möchte wieder in den Arm genommen werden. Ich ersetze meinen Ehemann nicht durch einen anderen Partner. Nein, niemals. Aber ich fange für mich ein neues Leben an – mit einem neuen Bedürfnis, mit anderen Wünschen, meinen Träumen und, ja, auch mit einem neuen Mann.

Und die happy oder nicht happy **Getrennten** erleben jetzt, dass sich jeder von einem Trennungsschock erholen kann und alles wieder auf Anfang steht. Wer einen Mr. Right wirklich vermisst, sagt sich jetzt: »Ja, es gibt noch eine Liebe nach dem Scheidungsurteil. Toll, wenn ich sie erleben darf.«

In jedem Fall wird allen gewahr, dass da ein Mangel herrscht: Es fehlt das »Vitamin L« – der wichtigste Lebensbaustein »Liebe«! Das Sprichwort »Einsicht ist der erste Schritt zur Besserung« gilt auch, wenn wir unseren Beziehungsstatus als unbefriedigend wahrnehmen. Wenn uns die Fantasie dahin führt, dass ganz gut ein zauberhafter Partner in unser Leben passen könnte, sollten wir das nicht als Schnapsidee verwerfen oder gar ängstlich abwürgen, sondern getrost weiterspinnen. Warum spukt da plötzlich wieder eine solche Sehnsucht nach Liebe mit 50 und mehr Jahren in uns herum?

Wenn es nach den Trendforschern geht, sind wir jetzt offenbar alle verrückt geworden. Aber bitte, vergessen wir gleich den Unsinn, der derzeit überall verbreitet wird. Best Ager – schon das Wort finde ich fürchterlich – befänden sich wieder in der Pubertät, ist zu lesen. Diese Experten, häufig selbst aus der Generation *silver*, schauen auf uns wie Kinder, die plötzlich nur noch Blödsinn machen. Und das, weil wir in unserer Lebensmitte Entscheidungen treffen – vor allem in Beziehungsdingen –, die niemand erwartet hat. Meist sind es solche Entschlüsse, die von Außenstehenden nicht nachvollzogen werden können oder einfach nur eifersüchtig beäugt werden.

Von der »neuen Pubertät« in der Altersstufe 50+ ist aber erst die Rede, seit WIR, die Frauen, nun noch einmal neu durchstarten wollen. Früher, als dies ausschließlich ein Privileg der Männer war – Scheidung, neue Frau, ein neues Kind mit 60 –, wäre niemand auf die Idee gekommen, ein solches Verhalten als pubertär zu bezeichnen. Bei Männern war und ist es immer nur der »zweite Frühling« … Aber sich darüber aufzuregen, ist genauso Zeitverschwendung, wie den verkehrten Kerl zu küssen. Wir blenden diesen Quatsch von der Pubertät mit 50+ einfach aus!

Also, auf geht's. Nehmen wir uns ein Herz und zücken Block und Bleistift oder sprechen es deutlich aus: Was ist los mit uns? Warum spielen wir mit dem Gedanken an einen Mr. Right? Die Gründe können vielfältig sein: Wir denken an einen neuen Mann, weil

- *ja, weil sich etwas in unserem Leben noch nicht GANZ anfühlt.*
- *wir alte Fehler bedauern.*
- *wir in einer Liebe noch einmal alles richtig machen wollen.*
- *wir sehr sympathische Männer in unserem Alter erleben, die uns signalisieren, dass auch sie nicht glücklich, aber immer noch ziemlich trostlos gebunden sind.*
- *wir uns wieder als verliebte Wesen spüren wollen.*
- *wir wieder begehrt werden wollen, und nicht länger nur als liebevolle Mutter und funktionierende Ehefrau und verbitterte oder faire Ex, fleißige Kollegin, beste Freundin, verlässliche Tochter und Schwester wahrgenommen werden möchten.*
- *wir Bewunderung, Achtung und Aufmerksamkeit erleben wollen.*
- *wir endlich einmal wieder nur vollkommen FRAU sein wollen.*

Ja, wir sollten uns wirklich nicht schonen, die Wahrheit MUSS einmal gesagt werden. Eine stille Abrechnung mit uns selbst hält uns den Spiegel vor: Schau dich an, guck dich mal um. Soll dein Leben dort stehen bleiben, wo du jetzt bist? Die Spiegelung unserer Situation ist ein Weckruf: Hey, so muss es nicht weitergehen, du kannst etwas ändern. Es ist nur ein kleiner Anstoß, der uns dazu bringt, dass wir uns mit einem ersten entscheidenden Schritt auf Mr. Right zubewegen. Nehmen wir diesen Faden auf, werden wir Männern anders begegnen. Wir gehen nicht mehr eiligen Schrittes an ihnen vorbei. Nein, wir schauen ab sofort jeden Mann AN – und zwar mit ganz anderen Augen. Wir nehmen unsere Gefühle ernst. Was nichts anderes heißen soll als: Neue Liebe? JA! Warum nicht. Jetzt mit 50+ ist die Zeit, endlich Bilanz zu ziehen. Es ist der perfekte Augenblick, noch einmal neu zu denken – und vielleicht neu anzufangen.

Noch mal in wenigen Worten: Wir prüfen unseren Beziehungsstatus. Wie steht es um unsere Gefühle? Sind wir glücklich allein? Taugt unsere Partnerschaft etwas? Wir fragen uns, was uns fehlt. Wir sprechen ehrlich aus, was wir denken, was wir fühlen. Dabei sind wir schonungslos ehrlich zu uns selbst. Wir sehen, ob es angezeigt ist, eine neue Liebe in Erwägung zu ziehen. Das ist natürlich nicht gleichbedeutend mit der Feststellung, dass wir auch wirklich bereit für sie sind. Diese Übung zeigt lediglich, ob wir für einen möglichen Mr. Right überhaupt einen Gedanken übrighaben, sollte er uns begegnen. Erst wenn dies der Fall ist, laufen wir nicht mehr blind an dem möglicherweise RICHTIGEN vorbei! Wir müssen auch nicht gleich loslegen mit einem Mr. Right. Aber wir sind einen Schritt weiter. Wir wissen, wir haben Mr. Right einfach schon mal auf dem Zettel.

2

Ich will – aber ich muss nicht

Der Anfang ist gemacht. Wir haben Mr. Right auf dem Zettel. Das bedeutet noch lange nicht, dass er uns automatisch über den Weg laufen oder an unserer Haustür klingeln wird. Wir stürzen auch nicht aus der Wohnung und rennen von einem Event zum nächsten – immer in der Hoffnung, einem Mr. Right zu begegnen. Nein, wer sind wir denn? WIR wissen heute: Glück lässt sich nicht erzwingen. Einen Mr. Right kann man nicht jagen. Und vor allem wollen wir das auch gar nicht mehr.

Wir Frauen mit 50+ haben ein ganz anderes Bewusstsein für die Liebe gewonnen, weil schon so viel Liebe in unserem Leben war. Ob sie erfüllt wurde oder nicht, spielt an dieser Stelle keine Rolle. Wir waren zumindest schon sehr oft sehr verliebt. Das ganze Programm mit Hochzeit, gemeinsam Kinder aufziehen, ein großer Haushalt, die Scheidung – das alles liegt jetzt hinter uns. Ja, WIR haben GELIEBT. Punkt. Und jetzt schauen wir mit einem anderen Wissen auf die Dinge. Das macht uns nicht nur vorsichtig, sondern auch verdammt ehrlich mit uns selbst.

Schön cool bleiben, Ladys!

Ganz unverblümt und unbefangen schätzen wir unsere Situation heute richtig ein. Wir wissen, dass wir nicht mehr 20, 30 oder 40 Jahre alt sind. *So what?* Das macht uns – wenn es um die Liebe geht – auch überhaupt nichts aus. Denn im Gegensatz zu früheren Tagen stehen wir in Sachen Liebe nun in der Poleposition. Ja, Sie haben richtig gelesen. Mit 50+ haben wir die Nase ganz weit vorn, wenn es um Männer und unsere Gefühle geht. Der Grund dafür ist unsere veränderte Haltung zu uns selbst – und zu den Männern. Wir erwarten nichts Außergewöhnliches mehr von einem neuen Partner. Wir wollen keine Kinder. Wir wollen nicht versorgt werden. Unser wichtigstes Ziel besteht nicht darin, einen neuen gemeinsamen Hausstand zu gründen, auch wenn sich das so ergeben kann. Aber wir wissen: Das ist keine Bedingung für das Gelingen einer Beziehung! Was wir wollen? Nur noch den puren Luxus einer wunderbaren Verbindung: Zweisamkeit, Nähe, ja, Liebe.

Wir wünschen uns ein schönes, rundes, erwachsenes GLÜCK. Was bitte soll daran schwer sein? Eigentlich müsste das doch ganz leicht zu machen sein. Es sind ja alle Voraussetzungen dafür auf unserer Seite. Mit 50+ können wir eine viel freiere Liebe leben. Ohne das ganze Brimborium um Familiengründung, berufliche Herausforderungen, Meinungen von Schwiegermüttern und vor allem ohne die naiven Erwartungen, die wir mit 20 oder 30 Jahren an die Liebe hatten. Ja, DAS ist es. Wir sind nicht nur vollkommen anders aufgestellt, sondern auch viel BESSER als in unseren jüngeren Jahren. Zudem geht es uns, wenn wir gesund sind, richtig gut. Was man uns, ganz nebenbei bemerkt, auch ansieht!

Schauen wir in den Spiegel, sehen wir ziemlich coole Ladys. Cool? Jetzt? Passt dieses Wort überhaupt für uns? Ja, das tut es! Cool bedeutet nicht, dass wir kühl sind. Oder dass wir nicht wie junge Mädchen unsterblich verliebt sein können. Oder dass wir auf Gedeih und Verderb super hip bis zur Lächerlichkeit drauf sein wollen. Cool meint ebenso wenig, dass wir abweisend reagieren, wenn es jemanden gibt, der vorhat, die Leine nach uns auszuwerfen, weil er begeistert von uns ist. Nein, das alles bedeutet cool nicht.

COOL mit 50+ ist etwas ganz anderes, etwas Geheimnisvolles, nicht Sichtbares. Etwas, das man nicht anfassen und nicht immer genau beschreiben kann. Es verbirgt sich – und ist doch gegenwärtig. Hinter diesem Rätsel um unsere Person steckt das gelebte Leben, das immer IN und MIT uns ist und uns wie eine strahlende Aura umgibt. Wir sind nicht einfach nur 50, 60 oder

70 Jahre alt. Wir sind ALLES. Unsere ganze Jugend tragen wir in uns. Das ganze Leben mit 20, 30 und 40 Jahren. Alle Herausforderungen, alle Mutproben, unser Scheitern, unsere Erfolge und das schon erfahrene Glück – all das SIND wir. Und das sieht man uns an. Alles zusammen hat uns zu einer einzigartigen Frau geformt. Es ist unsere ganz persönliche Vita, die uns unverwechselbar macht. Deshalb ist JEDE Frau ab der Lebensmitte eine Frau, die einfach cool ist.

Dieses Lebensgefühl 50+ verändert auch unsere Haltung zum Thema Liebe. Es ist unsere Seelen-Dioptrie, mit der wir einen möglichen Mr. Right scannen. Mit der Summe unserer Erfahrungen schauen wir auf den Kandidaten, der uns ins Auge fällt. Kopfloses Herzfieber war gestern. Auf der Reise zu Mr. Right werden wir ein wenig Bedacht walten lassen (auch wenn uns das Herz überläuft, wenn da gerade jemand ist, der uns umhaut). Nur nicht zu schnell bei dem Falschen andocken – und um Himmels willen nicht bei Mr. Wrong hängen bleiben.

Auf dem Weg zu Mr. Right nehmen wir ganz einfach mal den Fuß vom Gas. Eine neue Liebe – jetzt, in dieser Lebensphase – bedeutet ja kein neues Leben. Aber sie kann alles, was ist, noch schöner machen. Und deshalb ist es eben nicht mehr so, dass wir Mr. Right auf Teufel komm raus finden MÜSSEN. Wir haben ja nur festgestellt, dass wir ihn auf dem Zettel haben, sollte jemand daherkommen, den wir gut finden. Unser Herz, so sehr es mit 50+ schmachten mag, möchte sich nicht mehr verlieren. Wir wollen den Überblick behalten und klar die Spreu vom Weizen trennen. Wir Frauen mit 50+, wir können das jetzt. Wir machen uns einfach mal locker und bleiben ganz entspannt. Cool eben.

Wir nehmen nicht mehr jeden

Das Schöne mit 50+ ist doch, dass wir uns keinen Druck »nur« wegen eines Mannes mehr machen wollen. Mit 20 oder 30 musste man das ebenso wenig, nur wussten wir es damals noch nicht. Heute sind wir in der komfortablen Situation, die Dinge besser einordnen zu können. Eine neue Liebe möchten wir heute nicht mehr um jeden Preis. Denn nach allen Liebesbeziehungen wissen wir nun genau, was wir wollen – und was wir auf gar keinen Fall mehr wollen.

Nur weil Hans-Dieter, 59, gerade verlassen wurde und Freundin Elke uns mit ihm verkuppeln will, haben wir nicht gleich Herzklopfen. Frank, 53, der vergeistigte Literatur-Freak, schon seit zwölf Jahren Single, haut uns auch nicht vom Hocker, nur weil er uns im Erste-Klasse-Abteil zwischen Berlin und Hamburg seine E-Mail-Adresse zusteckt und uns den grünen Tee selbst bezahlen lässt. Auch Henry, 69, vermögender Unternehmer, kann keine ernsthafte Wahl sein, nur weil ihn die jungen Mädchen jetzt abblitzen lassen und er mangels anderer Gelegenheiten plötzlich die Frauen um die 50, immerhin fast 20 Jahre jünger als er, für sich entdeckt.

Nein, solche skurrilen Begegnungen haben wir noch nie gebraucht – jetzt, mit 50+, brauchen wir sie erst recht nicht. Wir sind sehr sensibel geworden mit der Zeit. Wir wollen keinen Sonderposten als Mann und auch nicht gerade noch irgendeinen »abkriegen«, der auf dem Markt übrig bleibt. Nein, wir sind sehr wählerisch geworden. Mr. Right muss schon etwas hermachen, und zwar in jeder Beziehung. Wir nehmen nicht jeden!

Früher reichte es häufig aus, wenn einer gut aussah oder wir ihn »süß« fanden. Beides ist auch heute noch willkommen. Aber mit 50+ darf es gern ein bisschen mehr sein. Wir denken nicht daran, zu große Abstriche zu machen. Wir haben uns verändert und damit auch unsere Ansprüche. Wir sind speziell geworden – und ein Pendant zu uns zu finden gestaltet sich damit ebenso speziell. Wir wollen ja nicht irgendeinen, sondern DEN RICHTIGEN.

Die Frage ist, ob wir das hinkriegen. Die Meinungen dazu machen wenig Hoffnung. Denn die »Frau über 50« wird in vielen Berichterstattungen abgehandelt als ein Wesen, das einem nur leidtun kann. Die Fachleute schildern die Lage düster, etwa weil die Anzahl an potenziellen Partnern aus demografischen Gründen schrumpft. Immer wieder müssen wir lesen, dass die Chancen auf eine neue Liebe mit 50+ für uns Frauen sehr viel schlechter sind als die der Männer.

So desaströs, wie immer wieder von Experten angeführt, ist es dann doch wieder nicht. Die Zahlen, die das Statistische Bundesamt für das Jahr 2016 ermittelt hat, sagen ganz allgemein Folgendes: Es gibt 18 497 000 Frauen und 16 403 000 Männer ab 50 Jahren in Deutschland. Das heißt: Es finden sich zwei Millionen mehr Frauen als Männer in dieser Altersgruppe. Das allein muss aber nicht zwingend Schlechtes bedeuten, wenn wir uns einen neuen Partner wünschen.

In der Gruppe der Verheirateten sind knapp über eine Millionen mehr Männer verheiratet als Frauen. Aber was soll das schon heißen? Nicht jeder verheiratete Mann ist auch glücklich verheiratet. Vielleicht ist auch er bereit für eine neue Liebe. Zudem zwingt uns niemand, ausschließlich in der Zielgruppe 50+ nach einem Mr. Right zu fischen. Bei den Ledigen ist es sogar so, dass immerhin ein – leichter –Männerüberschuss besteht: 1 226 000 Millionen unverheirateten Frauen stehen immerhin 1 651 000 unverheiratete Männer gegenüber. Und bei den Geschiedenen in dieser Altersgruppe haben wir 2 160 000 Frauen und nur 25 Prozent weniger Männer (genau: 1 637 000). In diesen beiden Gruppen herrscht also eine gewisse Balance.

Der einzig wirklich beeindruckende Unterschied zeigt sich bei denen, die ihren Ehepartner verloren haben, weil er gestorben ist: Es gibt 4 207 000 Witwen und nur 1 035 000 Witwer. Aber wer sagt denn, dass eine Witwe nur Liebe bei einem Witwer finden kann oder suchen will? Es ist deshalb nur eine statistische Logik, dass wir uns in dieser Gruppe mit drei anderen Frauen um einen Mann »prügeln« müssten.

Alles fließt in der Liebe. Wenn also bis jetzt nicht der richtige Mann aufgetaucht ist, kann das viele Ursachen haben. Und dabei spielt die Tatsache, dass es gezählt mehr freie Frauen und weniger freie Männer auf dem Markt gibt, eine eher untergeordnete Rolle.

Entscheidend ist, was WIR WOLLEN, weniger, WIE VIELE Männer verfügbar sind. Selbst wenn die Menschen bei uns eins zu eins in gleicher Anzahl ledig, geschieden, verwitwet oder verheiratet wären, hieße das nicht automatisch, dass DER RICH-TIGE für uns dabei wäre. Es geht nicht darum, ob irgendwelche Männer gerade irgendwie zu haben sind. Es geht darum, ob der Mann, dem wir begegnen, auch der Partner ist, den wir uns für unsere aktuelle Lebensphase wünschen! Die Frau, die einen Mr. Right will, sagt nämlich solange NEIN, bis es wirklich passt. Und die Gefahr, eine ganze Zeit, vielleicht sogar für immer allein zu bleiben, nehmen wir jetzt mit 50+ einfach mal ganz gelassen in Kauf. Natürlich nur dann, wenn es uns wirklich darum geht, einen Mr. Right zu finden.

Warum wir jetzt häufiger NEIN sagen

Es ist eine neue Form von Freiheit, die wir uns erobern. »Nein« zu sagen, wenn es nicht passt. Viel rigoroser und schneller als früher, weil unsere Erfahrung uns gelehrt hat, was gut und was schlecht für uns ist. Wir haben inzwischen einfach das geschultere Auge für das, was uns guttut, und das, was wir lieber bleiben lassen sollten. Ja, diese freie und sehr bewusste Entscheidung für oder gegen einen Mann ist JETZT unsere Stärke. So verzweifelt kann der Wunsch nach einem Lebensmenschen gar nicht sein, dass wir mit dem falschen Partner alle alten Fehler wiederholen. Mit 50+ keimt in uns ein ganz neues Selbstbewusstsein auf. Warum dies so ist, bringt Weltstar Jane Fonda, 80, mit einem Satz auf den Punkt: »Ich brauche keinen Mann mehr, um mich komplett zu fühlen.« SIE SAGT ES!

Ohne Mann zu sein ist heute kein Stigma mehr. Und wenn doch, wäre es uns mit 50+ ziemlich egal. Es gibt so viele Gründe, Nein zu sagen. Deshalb sprechen wir auf dem Weg zu Mr. Right nun ein vollkommen anderes Mantra, wenn es um das Thema Liebe geht:

- *Ich kann, ich will – aber ich MUSS nicht mehr.*
- *Jetzt eine neue Liebe wäre schön – aber mir geht's auch bestens ohne Mann.*
- *Meine Freiheit allein ist mir wichtiger als die Einsamkeit zu zweit mit dem Falschen.*

- *Ich nehme nicht irgendeinen Mann, weil ich keine Angst mehr vor dem Alleinsein habe.*
- *Ich hänge mein Herz nicht mehr an Kompromisse, weil ich weiß, dass es nicht nur einen einzigen Mann auf dieser Welt gibt, sondern noch viele andere, die ich mir gern anschauen werde.*
- *Ich bin wählerisch, weil ich achtsam mit mir selbst bin und nicht mehr jeden nehme.*
- *Für mich ist der beste Mann gerade Mr. Right genug!*
- *Ich habe lieber gar keine Partnerschaft als eine falsche.*

Wir selektieren heute! Wir schauen ganz genau hin: Wer ist der Mann, der zu meinen Bedürfnissen passt? Diese Haltung, lieber zu verzichten als eine halbgare Beziehung zu leben, wird befeuert durch neue Studienergebnisse. Schon sehr lange ist klar, dass Frauen die bessere »Single-Kompetenz« haben, so bezeichnen Psychologen die Fähigkeit, gut allein zurechtzukommen. Etwa ein Viertel der Single-Ladys sind von vornherein schon gar nicht willens, noch einmal eine Beziehung einzugehen (zumindest so lange, bis der Richtige vollkommen unerwartet vor ihnen steht). Sie sagen: Wenn gerade kein geeigneter Mann in Sicht ist, dann machen wir es uns auch ohne Partner schön.

Die amerikanische Single-Expertin Dr. Bella DePaulo, 63, eine frühere Psychologie-Professorin an der University of California, Santa Barbara, sieht in dem Alleinleben eine sehr bekömmliche und geradezu gesunde Lebensweise. In einem Interview (www.vice.com, 16.8.2016) sagt sie: »Die Forschungen zu den positiven Seiten des Alleinseins sind erfreulich. Sie zeigen, dass es gut für die Kreativität, die Erholung, das persönliche Wachstum, die Spiritualität und die Entspannung ist.« Wer mal ganz für sich ist, würde das Alleinsein nicht automatisch als Bedrohung, sondern auch als Chance sehen. Es drehe sich nicht immer alles nur um »den Einen«, sondern es ginge darum, das Alleinsein wirklich zu genießen und die Zügel des eigenen Lebens selbst in die Hand zu nehmen.

Wenn also Mr. Right noch nicht in Rufweite ist, lehnen wir uns einfach zurück, blinzeln in die Sonne und sagen uns, wie schön dieser Tag doch ist – auch ohne ihn. Wir wollen, aber wir MÜS-SEN nicht. Wir nehmen uns ganz bewusst die Zeit, weil wir wissen: Das Glück kommt zu dem, der warten kann. Wir begeben uns nicht mehr in traurige Abenteuer, die von Beginn an absehbar verlaufen. Bei uns tickt auch keine biologische Uhr mehr. Das Thema »Baby ja oder nein – und wenn ja, wann?« ist abgehakt. Auch drängeln keine Eltern mehr, die sich sehnlichst Enkelkinder wünschen. Wir müssen auch nicht mit unseren Freundinnen mithalten, die nach und nach vor den Traualtar stürmen. Wir erkennen die Kostbarkeit unserer Jahre jetzt. Und wir wollen sie hüten wie einen Schatz. Vor allem möchten wir uns selbst davor bewahren, den falschen Mann in unser Leben zu lassen.

Wenn jetzt gerade kein Mr. Right anklopft, geht die Welt nicht unter. Auch wenn wir uns nach ihm sehnen, so müssen wir nicht in die Kissen weinen, nur weil er noch nicht da ist oder nicht will. Wir fühlen tiefen inneren Frieden, auch wenn gerade niemand an unserer Seite ist. Denn es gehört zu unserem Privileg, mit 50+ aus einer anderen Perspektive auf das Thema Liebe zu schauen. Es gibt keinen Druck, wenn wir uns verlieben wollen. Wir sind ja keine Girlies mehr, die darauf warten, auserwählt zu werden. WIR entscheiden uns für einen Mann, so wie er sich für UNS entscheiden kann. WIR wählen. Und das ist eine verdammt coole Startposition für ein neues Glück JETZT.

Noch mal in wenigen Worten: Wir sind keine Anfängerinnen in der Liebe mehr. Wir besinnen uns darauf, dass wir nicht mehr 20 und 30 Jahre alt sind, aber dennoch unsere Jugend in uns tragen. Wir machen uns bewusst, dass wir jetzt den ganzen Reichtum unseres gelebten Lebens ausstrahlen – und das macht uns zu richtig coolen Ladys. Wir haben schon sehr oft geliebt. Deshalb wollen wir uns jetzt nicht mehr den Stress machen, unbedingt einen Mann an unserer Seite haben zu wollen. Wir schauen genau, wer für uns heute infrage kommt. Wir nehmen nicht mehr jeden – und schon gar nicht zu jedem Preis. Wir sagen so lange NEIN, bis der Richtige kommt. Unser Motto in Sachen Liebe heißt: »Ich kann, ich will – aber ich muss nicht mehr.«

So sieht es Birgit Schrowange

Die TV-Moderatorin und Mutter eines Sohnes war zehn Jahre Single, bevor sie mit 59 Jahren eine neue große Liebe fand.

Claudia Hagge: Ich sage solange Nein, bis der Richtige kommt. Haben auch Sie in Bezug auf Beziehungen so entschieden?

Birgit Schrowange: Ja, ich habe so entschieden. Ich kann gar nicht verstehen, wenn Frauen denken, dass sie ohne Mann nicht vollständig sind, und dann lieber einen Kompromiss-Mann nehmen, als allein zu sein. Ich glaube, wenn man lernt, allein zu leben und sich selbst zu lieben, dann zieht man automatisch den richtigen Partner in sein Leben. Für mich war es nie ein Thema, unbedingt einen Mann haben zu müssen. Ich war immer selbstbewusst genug. Ich bin auch allein über den roten Teppich gegangen. Ich wollte einfach keine Kompromisse machen. Es war auch kein Mann dabei, bei dem mein Herz höher geschlagen hat. Aber jetzt ist er gekommen und ich bin sehr glücklich!

Sie sind über viele Jahre eine sehr selbstbewusste und zufrieden wirkende Single-Frau gewesen. Woher kam dieses Selbstverständnis?

Zwei Dinge: Ich hatte immer einen tollen Job – und ich bin Mutter. Ja, das war mein großes Glück, dass ich mit 42 Jahren Mama geworden bin. Außerdem war mir immer klar, dass ich nicht durch einen anderen Menschen glücklich werden kann. Ich muss das Glück in mir selbst finden. Und wenn dann noch der richtige Partner kommt, ist es das i-Tüpfelchen und ein Geschenk. Kein Mann kann einen glücklich machen und ich kann auch keinen anderen Menschen glücklich machen. Wenn man wie ich gelernt hat, allein zu leben, mit sich selbst glücklich zu sein, dann geht dies auch eher mit einem anderen Menschen.

Viele Frauen haben Angst vor der Einsamkeit und machen viele Kompromisse, um nicht allein zu sein. Hatten Sie auch zeitweise solche Ängste?

Nein, ich habe immer viel gearbeitet. Und ich habe sehr gute Freunde. Ich habe mich nie einsam und allein gefühlt. Dazu war mein Leben auch immer zu ausgefüllt. Und teilweise hatte ich auch viel Stress. Ich bin viel unterwegs gewesen, sodass ich es geradezu genossen habe, wenn ich mich am Wochenende zuhause »einschließen« konnte. Ich bin nicht einmal ans Telefon gegangen. Ich brauche Zeit für mich allein – ganz ohne Ablenkung. Ich brauche die Muße, die wir ja verlernt haben in unserer Gesellschaft. Und auch in einer Partnerschaft brauche ich Raum für mich ganz allein. Ich bin niemand, der nur mit dem anderen zusammenklebt.

Können Sie sagen, wann oder warum Sie bei einem Mann lieber Nein gesagt haben, als mit ihm eine Beziehung zu leben?

Ja, meistens bei Männern, die ein Problem damit hatten, dass ich erfolgreich bin und mehr Geld verdiene als sie. Leider ist das immer noch so. Ich habe es immer wieder erlebt, dass ein Mann damit nicht klarkommt oder ihm meine Prominenz nicht behagt. Auf der anderen Seite habe ich »Alphamänner« kennengelernt, mit denen ICH nicht klarkam. Ich bin nicht der Typ, der Männer anhimmelt oder sich etwas diktieren lässt. Auf »Workaholics« und »Alphatypen« stehe ich einfach nicht.

Das Selbstvertrauen, als Frau derart autark in der Liebe zu sein, ist nicht so selbstverständlich, wie es klingt. War das bei Ihnen schon immer so?

Nein, das hat sich entwickelt! Ich lege heute auf ganz andere Dinge Wert in einer Beziehung als früher. Mir sind Augenhöhe wichtig und Zweisamkeit. Ich liebe es, wenn wir zusammen schöne Momente zelebrieren. Mit einem »Workaholic« könnte ich zum Beispiel nicht zusammen sein. Ich bin froh, dass mein Freund anders ist. Er hat einen sehr verantwortungsvollen Job als Geschäftsführer. Trotzdem legt er auch Wert darauf, dass wir zusammen eine intensive Zeit haben. Er kann sein Handy an die Seite legen, ein schönes Wochenende genießen und eine tolle Reise mit mir machen.

Was stört sie an »Workaholics«?

Sie sind mit ihrem Laptop verheiratet und kommen sich auch im Urlaub wichtig vor. Sie müssen immer alles kontrollieren und ständig arbeiten. Die kommen ja gar nicht zur Ruhe. Bei meinem Freund empfinde ich es als sehr angenehm, dass für ihn ganz andere Dinge eine Priorität haben. Man hat ihm vor einiger Zeit einen super Job angeboten, den er nicht gemacht hat, weil ihm unsere Beziehung wichtiger ist. Und weil er weiß, worauf es ankommt im Leben.

Bitte verraten Sie uns Ihr Geheimnis, das Sie so entspannt sein lässt, wenn es um das Warten auf den richtigen Partner geht. Wie macht FRAU 50+ das?

Ich habe darüber gar nicht nachgedacht. Es war mir gar nicht so wahnsinnig wichtig, noch einmal einen Mann kennenzulernen. Wenn es sein soll, dann wird es auch passieren, habe ich mir gesagt. Ich bin auch nicht der Typ, der zu einer Partnervermittlung geht. Ich finde das ganz komisch. Ich kenne zwar Leute, die sich da gefunden haben. Das ist vollkommen okay. Aber für mich wäre das nie etwas gewesen, auch, aber nicht allein, aufgrund meines Bekanntheitsgrades. Ich bin überzeugt davon: Wenn man sehr verkrampft ist und die Torschlusspanik in den Augen aufblitzt, kriegt man doch erst recht keinen. Das riecht man auf zehn Meter Entfernung. Da laufen ja die Männer weg. Es gibt ein altes chinesisches Sprichwort: »Alles kommt zu dem, der warten kann.« Und das ist bei mir auch eingetroffen. Ich wusste, ich lerne noch einmal einen Partner kennen, mit dem es passt.

3

Ready for Mr. Right

Sich nach dem Richtigen zu sehnen ist ja schön und gut. Nur was würde eigentlich passieren, wenn wir JETZT auf einen Mr. Right treffen würden? Ganz plötzlich. Ganz unerwartet. Auf einmal wäre er da. Würde das funktionieren – WIR und Mr. Right? Vielleicht. Die Voraussetzungen müssen stimmen. Das Wichtigste: Wir müssen BEREIT für ihn sein. Wir müssen darauf eingestellt sein, einen neuen Menschen in unser Leben zu lassen. Jetzt. Heute. In diesem Augenblick.

Aber wie mag das gehen? Ob wir Mr. Right erkennen. Ob wir uns in diesen Mann verlieben. Ob wir uns zu ihm bekennen. Das alles hängt nicht nur von der Magie einer Begegnung ab. Zum Bereitsein für Mr. Right ist auch das Timing entscheidend: Es geht darum, den richtigen Zeitpunkt zu erwischen. Es kommt nicht unbedingt auf diese eine Sekunde an, in der man sich zum ersten Mal anschaut. Sowieso sind wir nicht mehr erpicht auf eine Amour fou, diese verrückte Blitzliebe, die obsessiv und verhängnisvoll ist. Nicht zu verwechseln mit einer Liebe auf den ersten Blick, die natürlich wunderbar ist – sofern sie gelebt werden kann! Mit JETZT ist vielmehr die ganze Phase gemeint, in der wir uns gerade befinden.

Es nützt nämlich gar nichts, einen wunderbaren Menschen kennenzulernen, wenn wir für ein neues Glück besetzt sind. Also, wenn es schon deshalb nicht funktionieren kann, weil wir für das EINE große Gefühl abgelenkt sind. Mit Wichtigerem beschäftigt. Mit Sorgen belastet. Mit Trauer erfüllt. Mit einem Vorleben verwoben, von dem wir uns nicht freimachen können – und es einfach nicht schaffen, es abzuschütteln und hinter uns zu lassen. Wenn wir dieser neuen Liebe keinen Raum geben können oder wollen, ist es egal, wem wir gerade gegenüberstehen. Der perfekte Moment für Mr. Right ist erst dann gekommen, wenn wir einem neuen Glück ohne Wenn und Aber eine Chance geben möchten. Und zwar JETZT.

Hätte er JETZT überhaupt eine Chance bei uns?

Wann das JETZT ist und unter welchen Vorzeichen es stattzufinden hat – darüber zerbrechen sich viele Leute schon seit vielen Jahren den Kopf. Seelenforscher, Paartherapeuten, Trauerbegleiter, Freunde, Bekannte, Küchen-Psychologen. Sie alle haben dazu ganz besondere Vorstellungen entwickelt. Ihr ewig belehrendes Motto heißt: »Es darf auf keinen Fall zu schnell gehen nach der letzten Liebe.« Erst müsse man die frühere Beziehung »verarbeitet« und die Vergangenheit »losgelassen« haben.

Diese immer wiederkehrenden Mahnungen müssen ja im Grundsatz nicht falsch sein. Doch lässt sich mit dieser prinzipiellen Sicht nur wenig anfangen, weil ja jede Frau anders gestrickt ist. Und je mehr sie erlebt hat, desto mehr weiß sie auch: Gefühle lassen sich nicht in ein Muster pressen. Und wer weiß das besser als wir Frauen mit 50+?

Außerdem: Ab wann ist denn etwas verarbeitet oder bewältigt? Wann hat man sich denn von Altem gelöst? Kann man überhaupt Vergangenes irgendwie ad acta legen? Oder hängt es einem nicht doch immer noch lange nach? Ist man überhaupt je durch mit dem, was man erlebt oder erlitten hat? Welche Norm soll da greifen? Viele Fragen, auf die es keine allgemeingültigen Antworten geben kann. Jede Paar-Situation ist ein Einzelfall und nicht zwingend mit anderen zu vergleichen. Die Biografien der Liebe gestalten sich sehr individuell. Und je mehr Erfahrung wir mit allem haben, desto spezieller werden wir als Person und das prägt auch unsere gefühlsmäßigen Bindungen. Deshalb gibt es auch nicht DIE Lösung oder DEN Weg, wenn Vergangenes abgeschlossen wird und Neues beginnen soll.

Nichts lässt sich pauschal als »richtig« oder »falsch« einordnen. Müssen wir zehn Wochen warten – oder zehn Monate oder zehn Jahre, bis unser Herz bereit für Mr. Right ist? Sind wir noch nicht fit für eine neue Liebe, nur weil wir manchmal an den Ex denken oder unseren verstorbenen Mann nie aus dem Herzen kriegen? Hat Mr. Right keinen Platz bei uns, weil wir noch in einer Ehe leben und die erst mal sorgfältig abgeschlossen sein muss mit Haushaltsauflösung, Geldaufteilung, Richterspruch?

Es ist gar nicht einzusehen, warum eine Liebe mit Mr. Right nicht funktionieren können soll, nur weil man gerade erst verlassen wurde oder die Tinte auf dem Scheidungsurteil noch nicht trocken ist. Ebenso könnte man ja die Frage stellen, ob jemand, der bereits 20 Jahre Single ist, überhaupt noch für eine Beziehung taugt. Wer gar nicht mehr weiß, wie ein Leben mit Partner geht, ist der nicht viel zu verschroben für eine Liebe? Ist da der richtige Zeitpunkt nicht längst überschritten? Allein an diesen Fragen wird deutlich, wie absurd die typischen Ratgeber-Erkenntnisse sein können.

Nein, exakte Parameter zum korrekten Neustart in der Liebe kann niemand allgemeingültig festlegen. Und für uns Frauen mit 50+ sind sie sowieso sehr fragwürdig. Wir haben ja nicht mehr so viel Zeit zu verlieren … Das Kriterium, ob wir bereit für einen Mr. Right sind, können wir heute – und zwar jede Frau für sich – sehr gut selbst definieren.

WIR entscheiden, WANN wir bereit sind!

Ja, jetzt ist die Zeitphase gekommen, in der wir uns frei machen von althergebrachten Regeln, Mustern und Vorschriften. Wann, wenn nicht jetzt wollen wir unser Leben selbstständig gestalten? Auch und vor allem in der Liebe. Die äußeren und inneren Grenzen, die wir all die Jahre so hingenommen haben, bringen uns einfach nicht weiter auf dem Weg zu Mr. Right. WANN wir für ihn bereit sind, das entscheiden wir mit 50+ ganz allein. Nur in UNS liegt die Wahrheit, ob die Sonne für Mr. Right gerade günstig oder weniger günstig steht.

Heute wissen wir, dass wir uns auf unseren Instinkt verlassen können. Auf unsere innere Stimme, auf unser Bauchgefühl. Tun wir es nicht, geht so manches daneben. Ich wette, diese Erfahrung hat fast jede Frau schon gemacht. Was WIR fühlen, das ist jetzt entscheidend, nicht das, was die anderen meinen. Wie viel Nähe wir ertragen und am Ende auch zulassen und zu welchem Zeitpunkt dies passieren kann, das wissen wir selbst am besten. JETZT lösen wir uns von den Stanzen, mit denen viele Paarexperten uns seit Jahrzehnten in Sachen Liebe begleiten. Ganz unabhängig davon, wie sehr die immer wiederkehrenden »Regeln« für den richtigen Lebensentwurf unsere Entscheidungen schon beeinflusst haben oder dies auch jetzt noch tun.

Wir wollen sicher nicht jeden Rat in den Wind schlagen. Natürlich gibt es sehr weise Empfehlungen. Aber sie sind nur dort gut, wo sie auch passen. Und das sieht man aus der Ferne nicht, auch der prominenteste Experte nicht. Außerdem: Nichts gilt für jeden gleichermaßen, schon gar nicht in der Liebe mit 50+. Und wenn es um diese eine spezielle Frage geht, ob wir BEREIT sind für Mr. Right, ist es von Vorteil, wenn wir die Scheuklappen ablegen, die wir im Lauf unserer Partnerschaften angelegt haben. Wenn wir uns vergegenwärtigen, was alles schiefgehen kann oder bereits falsch gelaufen ist, werden wir keine freie Entscheidung für oder gegen einen Mann treffen können.

Um zu testen, ob wir schon so weit sind, sollten wir getrost alle Skepsis hinter uns lassen. Das große Abenteuer Mann werden wir ganz ruhig und entspannt angehen. Jetzt, mit 50+, gönnen wir uns den Luxus, die Barrikaden, errichtet nach schlechten Erfahrungen, abzubauen. Und die Hürden des Zweifelns dürfen jetzt gern in den Müllcontainer wandern. Wenn Mr. Right vor uns steht, können wir uns blind auf ein gewachsenes Vertrauen zu uns selbst verlassen. Wenn wir den Eindruck haben, dass da jemand ist, der uns guttut, wagen wir es einfach. Lassen wir uns hineinfallen in ein mögliches zukünftiges Glück. Nichts kann uns daran hindern, einem neuen Mann und auch uns selbst eine Chance zu geben. Vollkommen unabhängig davon, wie unser aktueller Liebesstatus gerade ist: solo, weil verwitwet, oder schon lange Single. Unglücklich verliebt oder schon lange einsam in einer Ehe. Der richtige Partner kann jeder Frau in jeder Sekunde über den Weg laufen.

Darauf richtig zu reagieren ist allerdings eine hohe Kunst, wenn wir in einer Beziehung noch einmal richtig happy sein wollen. Denn häufig stehen wir uns selbst im Weg. Es gibt genug

Bedenken, die uns einfallen, warum es gerade jetzt nicht gut gehen kann. Eine große Veränderung passt zu keinem Zeitpunkt ins Leben. Immer scheint etwas anderes wichtiger zu sein. Aber was bitte kann das sein? Was kann noch dringlicher sein als unser persönliches Glück mit 50+? Das Wichtigste sind WIR. Es gibt nichts, was mehr zählt.

Geht nicht, gibt's nicht, wenn Mr. Right auf der Matte steht. Mit 50+ stehen wir uns, wenn es um das Thema Liebe geht, selbst am Nächsten. Wir möchten keine falschen Rücksichten mehr nehmen müssen. Wir haben es verdient, jetzt und heute nur an uns selbst zu denken. Das Grübeln darüber, ob es nun zeitlich mit einem neuen Mann passt oder nicht doch zu früh ist – oder viel zu spät –, bringt uns überhaupt nicht weiter. Wenn ein Mr. Right greifbar ist, flüchten wir uns nicht mehr in Ausreden. Schluss also mit Sätzen wie diesen:

- *Ich habe den Kopf nicht frei für einen Mann, weil gerade im Job so viel zu tun ist.*
- *Ich brauche keine Beziehung mehr, weil mich mein Freundeskreis vollkommen ausfüllt.*
- *Ich habe Schuldgefühle, wenn ich an meinen verstorbenen Mann denke.*
- *Ich habe keine Zeit für einen neuen Mann, weil ich Sorge habe, meine kranken Eltern zu vernachlässigen.*
- *Ich verzichte auf Mr. Right, weil meine beste Freundin sagt, dass dieser Mann nicht zu mir passt.*
- *Ich war so lange allein und lasse gar keinen Mann mehr in mein Leben.*
- *Ich kann es meinem Ehemann nicht antun, ihn zu verlassen, obwohl ich keinen Tag mehr happy mit ihm bin.*
- *Glücklich kann ich nur mit dem Mann sein, den auch meine Kinder richtig gut finden.*
- *Ich habe die Nase voll von Männern, weil sie sowieso alle bescheuert sind.*

Papperlapapp! Bei allem Respekt für persönliche Vorbehalte jeder Art, die sich im Lauf des Lebens ergeben können: Eine neue Liebe mit dem richtigen Mann hat immer eine Chance verdient.

In jeder denkbaren Situation unseres Lebens. Aber wenn wir das schon von vornherein ausschließen, wird es nichts mit Mr. Right!

Eine große Hürde sind leider auch wir selbst

Fast jeder kennt das: Da ist die ewige Sorge, es den anderen nicht recht zu machen. Da ist die Furcht, sie möglicherweise zu verletzen. Da ist das bange Gewissen, der Familie, wenn sie unsere Hilfe braucht, nicht ausreichend zur Seite zu stehen. Da ist die Annahme, dass die Freunde mit dem neuen Partner nicht einverstanden sind. Und immer wieder kocht die Angst hoch, mit der Veränderung selbst einen schweren Fehler zu begehen. Aber alle diese Bedenken sind ganz schlechte Partner auf dem Weg zu dem Menschen, der perfekt zu uns passen könnte. Mit solchen Vorbehalten nehmen wir uns die Möglichkeit, die Wahrheit in UNS zu suchen. Und herauszufinden, ob in einer Begegnung etwas steckt, das uns noch einmal wirklich Erfüllung bringen wird.

Jetzt, mit 50+, ist ganz sicher nicht mehr die Zeit für falsche Rücksichtnahme und Selbsteinschüchterung. Vielmehr befinden wir uns in der Phase, in der es zuerst einmal um UNS geht. Ja, jetzt sind wir mal dran. WIR entscheiden – für UNS. Unser ganz persönliches Urteil ist das einzig entscheidende Kriterium dafür, ob und wie es in der Liebe weitergehen soll. Wenn wir darüber nachdenken, ob wir BEREIT sind für Mr. Right, blenden wir die Zweifel einmal vollkommen aus. Vor allem unsere Befürchtungen, wir könnten mit unserer Wahl scheitern. Der Traum davon, noch einmal richtig zu lieben, darf mit gutem Gewissen ganz in den Vordergrund treten.

Nichtstun lähmt und macht uns keinen Tag glücklicher. Also, trauen wir uns. Prüfen wir unseren inneren Status. Wollen wir mögliche Bedenken hintenanstellen und einmal an unser eigenes Glück denken? Oder sind wir jetzt gerade doch nicht soweit? Das Ergebnis dieser inneren Selbstprüfung ist nie vorhersehbar. Sie kann uns aber helfen, zu der richtigen Einstellung zu uns selbst zu kommen. Es kann genauso gut sein, dass wir alles erst einmal so lassen, wie es ist. Dann sagen wir mit derselben Gelassenheit: Ja, mir fehlt etwas, aber es ist nicht so schlimm, dass ich mich jetzt, heute oder morgen schon auf einen Mr. Right einrichten möchte. Ein Mann zum Anlehnen wäre schön, aber eigentlich passt er JETZT gerade nicht in mein Leben.

Gefühle zu klären und auszuloten, was möglich ist – das gibt uns innere Ruhe, mit der wir zu den richtigen Entscheidungen kommen können. Wollen wir uns für Mr. Right öffnen oder doch lieber nicht? Egal, wie wir uns entscheiden, über allem steht heute die gesicherte Erfahrung: Was soll uns schon passieren? Sollten wir enttäuscht werden, geht das Leben trotzdem weiter. Das haben wir Frauen ab 50 schon so oft erlebt. Auch wissen wir, dass wir allein sehr gut zurechtkommen. Wichtig ist nur, dass wir uns auf unsere eigene Gewissheit verlassen, das Richtige zu tun. Das erhöht unsere Chancen, den richtigen Zeitpunkt für Mr. Right nicht zu verpassen. Ja, wir selbst machen das Timing perfekt!

Ladys 50+ FIRST

Für Mr. Right bereit zu sein bedeutet aber nicht nur, aktuell die richtige Einstellung zu dem Ganzen zu haben. Es kommt noch etwas hinzu: Startklar sind wir erst, wenn wir in Harmonie mit uns selbst sind. Auch wie wir mit uns selbst umgehen, kann entscheidend sein in dem Augenblick, in dem wir vor einem möglichen Mr. Right stehen. Auf diesen Moment können wir uns vorbereiten. Das kostet nichts, nur ein wenig Besinnung auf uns selbst.

 Die Fragen, mit denen wir testen können, wie wir zu uns selbst stehen, sind ganz einfach:

- Mag ich mich leiden, wenn ich auf mein Leben und mich selbst schaue?
- Bin ich nicht manchmal zu streng im Urteil mit mir selbst?

- Gehe ich nachlässig mit meinen Wünschen und Träumen um, indem ich sie gar nicht beachte oder einfach zurückdränge, kaum dass sie sich melden?
- Mache ich etwas, das nur für MICH ist und MIR guttut?

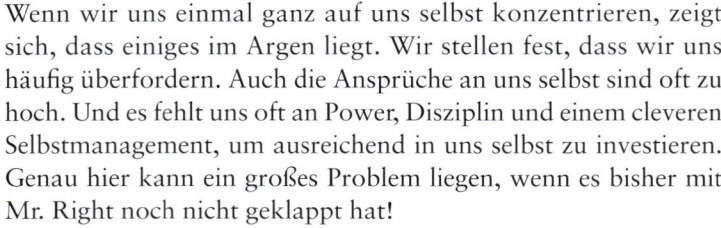

Wenn wir uns einmal ganz auf uns selbst konzentrieren, zeigt sich, dass einiges im Argen liegt. Wir stellen fest, dass wir uns häufig überfordern. Auch die Ansprüche an uns selbst sind oft zu hoch. Und es fehlt uns oft an Power, Disziplin und einem cleveren Selbstmanagement, um ausreichend in uns selbst zu investieren. Genau hier kann ein großes Problem liegen, wenn es bisher mit Mr. Right noch nicht geklappt hat!

Wenn wir uns selbst vergessen, verändern wir uns. Wir sind nicht mehr WIR. Mit der Zeit werden wir unzufrieden. Wir ruhen nicht in uns. Wir entwickeln Launen, sind nicht stabil. Aber wenn wir uns selbst unsicher fühlen, wie wollen wir einem Mr. Right sicher begegnen – und wie sicher wollen wir an seiner Seite sein, wenn es mit ihm tatsächlich losgehen sollte? Nein, wenn wir nicht bei uns sind, dann wird es nicht funktionieren. Wenn wir *ready for Mr. Right* sein wollen, ist Voraussetzung, dass wir uns gut fühlen mit uns selbst. Dass wir uns selbst sehr viel wert sind und dies von innen heraus ausstrahlen.

Das Motto auf dem Weg zu Mr. Right lautet: »Ich passe gut auf mich auf. Ich achte auf meine Gesundheit, auf meine Zeit, auf meine Bedürfnisse. Ich lasse meine Wünsche und Bedürfnisse nicht mehr länger außen vor, nur weil ich Kinder, Job, Familie immer an die erste Stelle setze. Jetzt bin ich eine Frau, die andere Prioritäten setzt. Ich komme FIRST!«

Es ist gar nicht so wichtig, dass Sie dies jeden Tag und in allen Punkten umsetzen. Das geht oft auch gar nicht, ohne dass man als egoistische Zicke wahrgenommen wird oder sich selbst auf andere Art unter Druck setzt. Es kommt allein auf das Bewusstsein für sich selbst an. Erst wenn Sie aufmerksam mit sich umgehen, sind Sie reif dafür, einem möglichen Mr. Right auf Augenhöhe gegenüberzustehen und sich für ihn zu entscheiden.

Psychologen nennen dies »Selbstliebe«. Leider hat dieses Wort einen Beiklang, so als würde unser Gefühl jetzt nur noch um uns selbst kreisen. Das ist aber genauso falsch wie das andere Extrem, nämlich sich komplett zu vernachlässigen.

Alles in allem geht es um einen behutsamen Umgang mit unserem ICH, der es uns ermöglicht, den Richtigen zu finden. Eine Frau, die sich vornimmt, auch an sich zu denken, strahlt etwas Geheimnisvolles aus. Sie sendet ein Signal, das bedeutet: Ich fühle mich gut, ich bin im Reinen mit mir – und wer MICH kriegt, ist ein Glückspilz. Das macht uns begehrenswert.

Wenn wir gut zu uns selbst sind, müssen wir niemandem mehr vorgaukeln, dass es uns super geht. Wir hören auf damit, uns zu verstellen, nur um einem anderen Menschen zu gefallen, man sieht es uns an, dass wir uns selbst mögen. Wenn wir genau in uns hineinspüren, wie es uns geht, und uns selbst nah sind, werden wir innerlich unabhängig und frei. Das gibt uns Stärke und Selbstvertrauen. Eine Ausstrahlung, die darauf beruht, macht uns attraktiv – und auf der anderen Seite einen möglichen Mr. Right auf uns aufmerksam.

Für Mr. Right bereit zu sein bedeutet also, ein gesundes Bewusstsein für SICH SELBST zu haben. Diese liebevolle wie versöhnliche Sicht auf uns ist der Schlüssel für alle großen Veränderungen in unserem Leben – vor allem in der Liebe 50+.

Noch mal in wenigen Worten: Wenn es mit Mr. Right klappen soll, müssen wir auch BEREIT für ihn sein. Für das Bereitsein ist das richtige Timing wichtig: Wir müssen den passenden Zeitpunkt erwischen, um Mr. Right zu finden. Ob der Moment gekommen ist, entscheiden heute nur wir selbst. Wir machen uns frei von Regeln, Mustern, Vorschriften. Jetzt, mit 50+, wissen wir ganz allein am besten, welchen Menschen wir wann noch einmal in unser Leben lassen. Nur in uns liegt die Wahrheit, WANN dieser Moment gekommen ist. Zum Bereitsein für Mr. Right gehört aber auch die Aufmerksamkeit für uns selbst. Nur wenn wir uns selbst wichtig nehmen, sind wir die erwachsene Frau, die ein erwachsenes Glück finden und leben kann.

4

Nur Mrs. Right trifft Mr. Right

Hello, Mrs. Right! Können Sie das sagen, wenn Sie in den Spiegel schauen? Sehen Sie da eine Frau, die »die Richtige« ist? Eine, die für einen Mr. Right infrage kommt? Also, sicher ist das nicht. Nicht immer. Nicht in jeder Phase unseres Lebens. Ja, es macht Sinn, genau zu checken, ob wir tatsächlich auf dem richtigen Dampfer sind, bevor wir auf Mr. Right zusteuern. Wenn wir auf den passenden Mann hoffen, ist es ratsam, uns selbst in den Blick zu nehmen. So fair können wir ruhig sein. Bin ich selbst die richtige Frau? WER bin ICH? Das ist jetzt die Frage der Fragen.

Wer bin ICH?

Wie wir gerade aufgestellt sind, entscheidet mit, ob unsere Männerwahl erfolgreich sein wird – und auch wie eine sich anbahnende Liebesgeschichte ausgehen wird. Hier schließt sich eine weitere Frage an: Wie muss ich überhaupt drauf sein, damit ein Mr. Right auf mich aufmerksam wird und sich in mich verlieben kann? Wir vergessen gern, wie wir selbst auf andere wirken. Meistens haben wir nur unsere Ansprüche an einen zukünftigen Gefährten im Sinn. Wir haben ja ein ganz genaues Bild davon, wie er sein muss und wie er auf keinen Fall sein darf. Aber erfüllen wir selbst die Standards für eine gute Beziehung mit 50+?

Die Basis für eine Liebe JETZT ist ja eine ganz andere als zuvor. Wir haben ein langes Vorleben, das uns geprägt und vielleicht auch ein wenig verbogen hat. Und da ist nicht sicher, ob sich unsere glücklichen oder unglücklichen Erlebnisse und ein Neuanfang mit Mr. Right überhaupt vertragen. Manchmal war so viel Gutes in unseren Beziehungen, dass es uns vorkommt, als wäre dies heute kaum mit einem neuen Mann zu toppen. Manchmal war so viel Gruseliges dabei, dass wir für eine weitere Lovestory vielleicht zu beschädigt sind. Zwischen diesen Extremen gibt es sehr viele gemischte Erfahrungen – sie alle zusammen wirken bis heute nach und nehmen Einfluss auf ein neues Gefühl und eine mögliche neue Beziehung.

Bevor wir also unseren Wunschzettel bezüglich Mr. Right schreiben, kümmern wir uns erst einmal darum, wo wir in diesem Augenblick eigentlich selbst stehen. Es geht darum, ehrlich zu schauen, ob wir das selbst hinkriegen, was wir von IHM erwarten. Er soll uns faszinieren – aber können WIR auch IHN begeistern? So selbstverständlich ist das nicht. Es wird – nur ein Beispiel – keinen Mann anziehen, wenn uns ein großes Gefühl oder gar desaströse Liebeserschütterungen noch immer fest im Griff haben.

Klebt uns zum Beispiel das »Ich bin ein gebranntes Kind«-Schild an der Stirn, können wir die Reise zu Mr. Right gleich abblasen und auf der Stelle umkehren. Die alten Kamellen über die ganze Schmach mit der letzten Beziehung interessieren – wenn es um das Thema Mr. Right geht oder er gar auftaucht – niemanden mehr. Und wenn wir ehrlich sind, haben wir das Thema auch zur Genüge durchgekaut mit unseren Freundinnen, Schwestern oder Nachbarinnen und vielleicht sogar in einer Therapie.

Niemand sollte in unseren Gesichtszügen lesen müssen, welche Dramen und welche Traurigkeit wir hinter uns haben. Wie wir vielleicht gelitten haben, weil ein Ex untreu war oder faul oder verschwenderisch. Wie wir uns geärgert haben, wenn er die böse Schwiegermutter gewähren ließ. Wie wir vor Langeweile fast gestorben sind, als er nur noch vor dem Fernseher saß oder im Restaurant den Mund nicht mehr aufkriegte. Wie wir jeden Respekt verloren, weil er sich gehen ließ und zu tief ins Glas schaute. Wie überflüssig wir uns fühlten, weil er glaubte, nicht mehr fragen zu müssen, wie es UNS eigentlich geht. Wie gekränkt wir waren, weil er meinte, sich keine Mühe für uns als Paar mehr geben zu müssen. Wie wir uns grämt haben, wenn wir Hoffnung auf Besserung hatten, er aber doch nur wieder um sich selbst kreiste oder zu seiner heimlichen Freundin ging. Nein, diese sich wiederholenden Erfahrungen in langen Beziehungen sollte uns niemand ansehen. Sie stehen uns einfach nicht gut. Kein Mann wird sich in eine Frau verlieben, die ein lebender Vorwurf ist. Mrs. Right kann das Vergangene zur Seite legen. Mit ihrem Vorleben wird sie sich zumindest nicht ewig belasten, vor allem wenn sie einem Mr. Right begegnen möchte.

Liebe braucht Leichtigkeit, keinen Kummer aus alten Zeiten und keine Last durch Enttäuschungen, die uns klein und krumm hält. Für ein neues Glück lassen wir diesen Ballast weit hinter uns. Er wirkt wie ein lästiger Rucksack, der rote Striemen in die Schultern drückt. Ja, es ist leider so: Der verbitterte Blick zurück kann im schlimmsten Fall »hässlich« machen. Innerlich wie äußerlich.

Auch Vergleiche mit den Vorgängern sind nicht angesagt, wenn wir eine neue Liebe anpeilen. Die »An meinen verstorbenen Mann reicht sowieso kein anderer heran«-Attitüde ist pures Gift für eine mögliche neue Beziehung. Selbstverständlich können wir uns an Ex-Partner, die wir verloren haben, weiterhin mit Liebe und Respekt erinnern. Aber wenn wir sie zu Heiligen erklären, kann dies einem potenziellen Mr. Right jede Lust nehmen, uns näher kennenzulernen. Wenn wir ausstrahlen, das Beste im Leben schon gehabt zu haben, gibt es keine Zukunft mehr. Mit dieser Ausstrahlung ziehen wir einen tiefen Graben um uns herum – und man wird einen großen Bogen um uns machen.

Gleiches gilt für Langzeit-Single-Ladys, die tapfer das Transparent »Ich brauche keinen Mann, um glücklich zu sein« hochhalten. Natürlich braucht keine Frau zwingend einen Kerl, um happy zu sein. Das ist vollkommen klar! Spätestens mit 50+ wissen wir das. Aber müssen wir das immer hinausposaunen? Okay, der besten Freundin können wir das sagen. Und die Stars, die schon lange solo über den Roten Teppich stöckeln, tun es ja auch. Sie werden ihre Gründe haben. ABER: Es kommt auf die Dosis an. Das Signal, dass ein Mann eigentlich überflüssig ist, wenn es um unser Wohlbefinden geht, mag ja ganz nach stolzer, starker Frau aussehen. Wenn jedoch unser ganzes Verhalten und Auftreten von der Überzeugung geprägt ist, dass wir wunderbar allein zurechtkommen, können wir durchaus schnippisch rüberkommen – und da wendet MANN sich doch lieber ab. Unsere Tür sollte, bildlich gesprochen, angelehnt sein, aber nicht verschlossen, wenn wir einen Mr. Right in Erwägung ziehen.

Was wir bisher in unserem Leben erlebt haben, ist natürlich ein wichtiger Faktor, wenn wir etwas Neues beginnen wollen. Und spätestens dann sollten wir unsere Erfahrungen noch einmal reflektieren und neu einordnen. Die Vergangenheit ist immer da. Wir können sie nicht auslöschen. Und wir wollen sie ja auch gar nicht ungeschehen machen. Sie gehört für immer zu uns. Aber sie darf uns nicht hemmen. Wir sollten eine neue Liebe nicht mit Altem belasten. Wenn wir mit Mr. Right den Neuanfang wagen wollen, sollten wir darauf achten, mit unserem früheren Leben anders umzugehen.

Sie können sich alte, belastende Verhaltensmuster abgewöhnen. Dazu braucht es keine »Loslass-Übungen«, denn Sie lassen Ihre Liebesvergangenheit in Ihrem Leben stehen. Aber Sie räumen um. Sie verlagern die Position, die Ihre Erinnerungen einnehmen. Sie stehen nicht mehr an erster Stelle, sondern müssen sich mit einem hinteren Rang begnügen. Mrs. Right jedenfalls trainiert dies schon mal und leitet ihre Reflexionen über ihre Ex-Liebe und die damit verbundenen Enttäuschungen um. Und ihr Mantra, mit dem sie alte Erfahrungen mit einer möglichen neuen Zukunft versöhnt, lautet zum Beispiel so:

- Ab heute nehme ich meine Ex-Liebe so an, wie sie war. Es ist so geschehen. Ich habe es so geschehen lassen. Ich mache jetzt meinen Frieden damit.
- Ich akzeptiere meine dummen Fehler und Schwächen von früher. Ich habe geliebt. Punkt.
- Es war schön, eine große Liebe erleben zu dürfen. Mein vergangenes Glück trägt mich – und dieses Gefühl bleibt.

- Ich freue mich darauf, dass ich meine Zukunft mit einem Mr. Right neu gestalten kann.
- Ich bin glücklich über die Chance, noch einmal beginnen zu dürfen.
- Ich bin gespannt auf eine Begegnung, die meinem Leben wieder Inspiration geben wird.
- Ich bin dankbar für meine Erfahrungen, weil sie mich in der Liebe besser machen.
- Ich glaube an die Liebe und weiß, dass sie mir begegnen wird.

Lassen wir die Dinge, die hinter uns liegen, einfach mal ruhen. Die guten wie die schlechten Erfahrungen. Das kann man ja üben: Wir erlauben uns nicht mehr, gedanklich alles Schlechte immer und immer wieder zu durchleben. Und wir verharren auch nicht länger in einer glücklichen Erinnerung, die der Maßstab für alles Zukünftige sein soll. Beides bedeutet Stillstand. Auf dem Weg zu Mr. Right tritt die Vergangenheit in den Hintergrund, der Blick richtet sich nach vorn.

Ich finde: Es lohnt sich, dies einmal auszuprobieren und der Hoffnung auf neue schöne Entwicklungen mehr Raum zu geben. Ab sofort spinnen wir jeden Tag gute Gedanken. Und zwar über einen ganz langen Zeitraum hinweg, am besten für immer. Ja, wir lachen unserem Leben ins Gesicht. Freuen wir uns auf die Zeit, die jetzt kommt. Mrs. RIGHT jedenfalls ist so eine Frau! Sie stellt das Thema Ex einfach nach hinten – und schaut mit 50+ offen und gespannt nach vorn.

Wie Gedanken unser Schicksal beeinflussen können, haben Mediziner, Naturwissenschaftler und Psychologen immer wieder erforscht. Wichtigstes Ergebnis: Finden wir eine positive Einstellung zu den Dingen, wirkt sich dies auf unser ganzes Leben aus. In diesem Zusammenhang wird immer wieder die Studie der US-Medizin-Professorin Hilary Tindle (früher Universität Pittsburg, jetzt Vanderbilt University Medical Center) aus dem Jahr 2009 ins Feld geführt: Sie untersuchte

97 253 gesunde Frauen nach der Menopause und beobachtete sie acht Jahre lang. Diejenigen, die ein optimistisches Lebensgefühl hatten, lebten länger und gesünder. Zudem stellte sich heraus, dass sich körperliche und seelische Gesundheit auf alle Lebensbereiche auswirkt. Wer also dank seiner zuversichtlichen Einstellung vitaler ist, ist auch attraktiver, stärker und durchsetzungsfähiger als andere. Und mit einer energiegeladenen Aura lässt sich leichter das Glück einladen.

Tschüss, Hascherl!

»Neues Spiel, neues Glück«, so sagt man gern. Aber ist es auch wirklich immer ein GLÜCK, wenn wir uns neu verlieben? Finden wir Erfüllung, weil wir einen neuen Mann an unserer Seite haben? So pauschal betrachtet, können die Partnerschaftsexperten diese Aussage nicht bestätigen. Sie sagen, dass Zweitehen – generell – nicht besser sind. Das habe auch einen ganz »simplen Grund«, so die Schweizer Psychologie-Professorin Pasqualina Perrig-Chiello in einem Interview mit dem Schweizer Landboten: »Weil die Leute sich nicht verändern. Sie nehmen die alten Verhaltensmuster mit in die neue Beziehung«.

Ja, wir sind so gestrickt. Wir suchen das Glück – aber immer nur woanders. Nie kämen wir auf die Idee zu sehen, dass WIR in einer Beziehung nicht nur der eine Part des Glücks, sondern auch des Unglücks sind, wenn es nicht läuft. Es würde uns nicht einfallen, aus freien Stücken zu erkennen oder gar einzugestehen, dass auch wir mit unserem Verhalten einer Liebe den Knockout versetzt haben. Was WIR falsch gemacht haben, steht meistens nicht zur Debatte. Ich finde, wir Frauen sind schlecht in Selbstkritik. Ich beobachte immer wieder, dass viele von uns sich eher als ewiges Unschuldslamm sehen. Fehler machen nur die Männer. Und wir machen es uns schön bequem in der Rolle des Opfers. Nur bringt uns der Rückzug in diese weibliche Selbstgerechtigkeit nicht weiter.

Wir wissen heute, dass Liebe viel mehr als eine romantische Haltung ist. Wir haben es alle erlebt: Unser Gefühl für einen Mann mag sehr intensiv sein – doch ob es mit ihm funktioniert, stellt sich erst in der Beziehung heraus. Das ist die Erkenntnis, die jede von uns gewonnen hat. Und jetzt erleben wir, dass ein Glück mit einem Mr. Right 50+ ohnehin nicht leicht zu schmieden ist. Es hat sich eine Menge verändert. Wir setzen ganz andere Prioritäten. Wir wünschen uns mehr Qualität in unseren Beziehungen. Unsere Zeit schätzen wir nun als etwas Kostbares ein. Und weil damit unsere Ansprüche steigen, erwarten wir jetzt auch mehr von einem neuen Lebensmenschen.

Ja, die Messlatte in der Liebe liegt jetzt ganz schön hoch. Allein das macht es schwer, den Richtigen zu erwischen. Umso wichtiger ist deshalb, wie wir selbst drauf sind. Das heißt: Auch wir sind gefordert, uns zu bewegen. Wir müssen Liebe neu denken. Und das können wir mit 50+. Wir fangen gleich damit an. Was können wir besser machen, damit ein Glück mit Mr. Right gelingen kann? Wir schauen aus einer erwachsenen Perspektive auf uns selbst. Wir müssen nicht mehr Recht haben wollen, wo es unangebracht ist. Wir können zugeben, dass auch wir »nicht ohne« sind, wenn es um das Thema Partnerschaft geht. Mit 50+ stehen wir über den Dingen. Wir schauen mit Abstand auf die Vergangenheit und können einen Schritt zurücktreten, wenn es um uns und unsere Befindlichkeiten geht.

Ganz ehrlich, liebe Ladys 50+, in der jetzigen Zeit noch immer das Hascherl zu geben, wäre albern. Auch, sich einem Mr. Right als die Frau vorzustellen, die alle Unbill mit dem Ex duldsam geschehen ließ und darüber unglücklich wurde. Was passiert ist, was uns widerfahren ist, beruhte auch auf unserer Entscheidung für einen Mann und das Leben mit ihm. An allen guten und an allen schlechten Erfahrungen waren wir in irgendeiner Form beteiligt. Das ist kein Schuldeingeständnis, wir stehen ja nicht vor einem Richter.

Aber auf dem Weg zu Mr. Right wird es uns ganz entscheidend voranbringen, wenn wir uns fragen: Worin liegt MEIN Anteil am Scheitern meiner früheren Liebe?

Jede Paar-Biografie ist natürlich anders. Aber manches wiederholt sich auch: Häufig weiß man gar nicht, wo anfangen und wo aufhören, wenn es um die Fauxpas in der Liebe geht. Haben wir zu sehr auf unseren Standpunkt gepocht? Haben wir unseren Mann zu sehr gedrängt, nach unserem Willen zu leben? Haben wir uns nicht weiterentwickelt, weil ER ja Karriere machte oder sein Beruf vorging? Waren wir nicht manchmal froh, uns in einer bestimmten Rolle zu verstecken? Haben wir unsere Interessen vernachlässigt? Waren wir vielleicht langweilig, weil wir nicht selbstständig genug waren? Oder haben wir schlichtweg viel zu große Erwartungen gehabt, die KEIN Mensch erfüllen kann? Die kritischen Fragen an uns selbst könnten wir heute mit 50+ unendlich weiterführen.

Deutlich wird immer wieder: In gescheiterten Liebesbeziehungen gibt es oft ein ZUVIEL oder ein ZUWENIG von allem: zu viel Gefühl. Zu viel Arbeit. Zu viel Nähe. Zu viel Eifersucht. Zu viel Zeit miteinander. Zu viel Streit. Zu viel Egoismus. Zu viel Symbiose … oder das Gegenteil: zu wenig von all dem. An jedem Zuviel und Zuwenig waren wir beteiligt. Ja, wir haben Fehler gemacht – oder die Fehler unseres Partners geduldet und damit gefördert.

Wir sind die GEWINNER, wenn wir aus unseren Gedanken echte Erkenntnisse ziehen. Und wenn wir wirklich anfangen einzusehen, was wir falsch gemacht haben – holla, dann kommt einiges zusammen. Natürlich haben wir es damals nicht so gesehen. Es hat uns ja niemand den Spiegel vorgehalten. Es gab nur die Gegenseite, unseren Mann, an dem wir herumkrittelten. Es gab nur IHN und UNS. Die eine Sichtweise gegen die andere. Und keiner von beiden rückte nur einen Millimeter von seinem Standpunkt ab. Wir stritten uns – wären aber nie auf den Gedanken gekommen, dass mit uns etwas nicht stimmt.

JETZT stehen wir dazu, was passiert ist. Wir wissen genau, wie es war. Wir erinnern uns gut, welches Verhalten unseren früheren Beziehungen den Rest gegeben hat. Aber das liegt unumkehrbar hinter uns. Nun können wir gern zugeben, wo WIR einfach nicht okay waren. Wozu das gut sein soll, liegt auf der Hand: Nur wenn wir unsere eigenen Macken und Schwächen aufspüren, können wir es in der nächsten Liebe anders machen.

Wenn wir anerkennen, wie falsch wir selbst ticken, werden wir milder und toleranter anderen gegenüber. Auch wenn wir nicht eine vollkommen neue Person werden können, so entwickeln wir uns auf jeden Fall weiter. Wir lieben einfach klüger. Heute wissen wir, was schiefgelaufen ist – und was wir dazugetan haben, wenn eine Verbindung zerbrochen ist. Mrs. Right sieht sich nicht als Opfer. Mrs. Right ist eine Frau, die über SICH nachgedacht hat. Ihre selbstkritischen Erkenntnisse machen sie nicht klein, nein, sie machen sie locker. Sie ruht jetzt in sich – und wird in jeder Hinsicht noch besser sein.

Mrs. Right ist happy

Die wichtigste und beste Lektion in der Liebe lautet: Ein Mann steht nicht in der Pflicht, uns glücklich zu machen. Das funktioniert so einseitig sowieso nicht. Für unser Glück müssen wir selbst etwas tun. Heute wissen wir, wie wahr das ist. Und wenn wir ehrlich sind, wissen wir, dass wir früher vom anderen zu viel erwartet haben, statt unser Glück selbst in die Hand zu nehmen. Der größte Fehler in der Rückschau ist meistens, dass wir zu wenig BEI UNS SELBST waren. Wir waren zu angepasst an den Partner, haben zu wenig auf unsere Bedürfnisse gehört und zu wenig unser eigenes Ding durchgezogen. Das hat zu vielen anderen Verhaltensweisen geführt, die uns nicht gutgetan haben. Und am Ende hat sich die Balance in unserer Beziehung verschoben – zu unseren Ungunsten.

Viele Frauen haben eher SEIN Leben gelebt und viel zu wenig ihr eigenes. Dass dies wirklich so war, offenbart sich uns erst jetzt – wenn wir es zulassen. Wozu diese Selbsterkenntnis gut ist? Nun, es hilft nichts, Fehler zu beklagen. Es hilft nur, aus ihnen zu lernen. Und deshalb geben wir jetzt zuerst uns selbst eine neue Chance.

Liebe Ladys 50+, es ist nie zu spät, neu anzufangen. Auf dem Weg zu Mr. Right werden wir einiges ändern. Wir werden mehr auf UNS SELBST statt auf die Männer gucken.

Was macht MICH glücklich? Wahrscheinlich ist das die wichtigste Frage, wenn wir ernsthaft an eine neue Liebe denken. Wenn wir happy sind, ziehen wir auch Liebesglück an – und können es halten. Nur wenn wir zufrieden sind, haben wir die Sicherheit in uns, eine gelassene Partnerin zu sein. Ein potenzieller Mr. Right spürt sehr deutlich, wenn wir entspannt sind. Es macht uns klarer in unserem Auftreten. Wir sagen deutlicher JA oder NEIN. Sind stärker in unseren Entscheidungen, wenn wir innerlich selbstständig sind. Ja, das Gefühl, stark zu sein, macht uns Frauen sexy.

Spätestens jetzt, mit 50+, wissen wir, wie wichtig es ist, ein »ebenbürtiger« Partner zu sein. Ebenbürtig heißt: UNSERE Vorstellungen mit SEINEN gleichberechtigt in Einklang zu bringen – und umgekehrt. Wenn uns das gelingt, werden wir weniger kleinlich, weniger eifersüchtig, weniger streitsüchtig sein. Es ist unser Privileg, heute zu wissen: Wir müssen das Glück zuerst in UNS SELBST suchen. Das In und Out in der Liebe 50+ heißt: Sich abhängig zu machen ist OUT. Eigene Ziele zu leben ist IN.

Für ein neues Glück müssen wir uns nicht neu erfinden. Wir sind ja alle gut, wie wir sind. ABER: Wir optimieren uns – für uns SELBST. Wir erledigen nicht mehr nur unsere täglichen Aufgaben. Wir stellen eigene Bedürfnisse nicht mehr hinter den seinen zurück, sondern ganz oben an auf unsere To-do-Liste. Wir folgen unseren Talenten und Träumen, die lange schon in uns schlummern und nur darauf warten, von uns wachgeküsst zu werden. Ein ganzes Füllhorn an Plänen, Wünschen, Sehnsüchten wird sich auftun, wenn wir erst mal loslegen und dazu stehen.

Unsere Fantasie kennt keine Grenzen, wenn es um neue Ziele mit 50+ geht, die jetzt endlich mal dran sein sollten. Und wir lassen uns nicht für verrückt erklären, wenn wir ganz laut und ganz unbescheiden träumen: ein Instrument lernen. Heilerin werden. Bildhauern. Eine Astrologie-Ausbildung machen. Einen ganzen Sommer am Mittelmeer wohnen. Noch mal an der Uni einschreiben und an den alten Lebensplan anknüpfen. Im Ausland leben. Eine neue Frisur. Eine Bar eröffnen. Ein schnelles Auto fahren. Ein Trip auf die Fidschi-Inseln. Ein Domizil auf dem Land. Aus dem Schuppen ein Atelier zimmern. Ein Ehrenamt im Krankenhaus beginnen. Chinesisch lernen. Ja, so unglaublich all das klingt, packen wir es an. Und warten gelassen ab, wie viel uns davon gelingt – und was es mit uns macht!

Eine neue Qualität zu leben ist DAS Ziel mit 50+. Und es ist DER Weg, den wir einschlagen, wenn wir auf einen Mr. Right treffen wollen. Wir werden ein glücklicherer Mensch, eine zufriedenere Frau sein, wenn wir das umsetzen, was wir uns schon lange wünschen. Was uns gelingt, bringt uns voran. Wir wachsen daran. Und es ist klar: Wenn wir uns weiterentwickeln, werden wir nicht nur interessanter. Auch unsere Ansprüche an eine neue Liebe nehmen neue Gestalt an.

Die Liebe 50+, in der WIR uns wichtiger (als früher) nehmen, bekommt ein anderes Muster. Deshalb muss es auch der RICHTIGE Mann sein, wenn wir uns neu verbandeln wollen. Es muss passen! Wir entwickeln eine ganz bestimmte Vorstellung davon, wie Mr. Right sein müsste. Diese muss sich nicht eins zu eins mit dem Menschen decken, den wir gerade kennenlernen. Aber die Basics müssen stimmen. Auf die Einzelheiten hierzu komme ich später zu sprechen, an dieser Stelle ist aber bereits festzuhalten: Nur wenn wir wissen, was wir wollen, erkennen wir, ob wir es mit dem neuen Partner auch bekommen. Und wenn das nicht der Fall ist, lassen wir lieber die Finger von ihm.

»Ich bereue nichts im Leben – außer dem, was ich nicht getan habe«, sagte die große Stil-Ikone Coco Chanel. Diesen Satz kann wohl fast jede Frau in unserem Alter unterstreichen. Jetzt, mit 50+, haben wir die Chance, dies zu ändern. Was einmal war, muss nicht wieder passieren. Unsere beste Zeit ist JETZT. Wir sind entschlossen, uns selbst viel mehr Sinn und Freude zu geben.

Dazu müssen wir nicht alles aufgeben, was uns lieb und teuer ist. Nein, es kommen nur ein paar Bausteine hinzu, die bisher gefehlt haben. Damit steht unser Lebenshaus wieder ganz eben und gerade – und es strahlt auch viel schöner. Egal wie die Beziehung mit einem Mr. Right am Ende aussehen wird: Sind wir happy und ruhen wir in uns, stimmt die Balance zwischen IHM und UNS. Die Frauen, die mit sich selbst glücklich sind und wissen, was sie wollen und dies auch zeigen, haben deshalb gute Chancen, mit einem Mr. Right glücklich zu werden.

Mit 50+ können wir uns einem Mann gegenüber so verhalten, wie wir SIND – und nicht wie wir GLAUBEN, wie er uns gern hätte. Wir pflegen unser Ich. Uns ist nun klar, dass jede Liebe schiefgehen muss, wenn wir uns zu sehr anpassen oder gar verstellen. Ebenso hat jedes noch so große Gefühl nur eine Halbwertzeit, wenn wir einen Partner nehmen, der zu viele Abstriche von uns verlangt. Nein, für faule Kompromisse sind wir nicht mehr zu haben. Mit 50+ wird klar: UNSER Glück speist sich nicht mehr allein aus der Beziehung zu einem Mann! Diese neue Eigenständigkeit macht uns nicht nur sehr attraktiv. Das Ichselbst-Bleiben ist für das Gelingen von Liebe DIE Voraussetzung überhaupt. In Sachen ICH werden wir mit 50+ eine Meisterin.

Mrs. Right setzt jetzt um, was sie sich schon lange erträumt hat. Und wenn Sie es schaffen, eine Mrs. Right zu sein, werden auch Sie es erleben: Männer schauen uns mit ganz anderen Augen an. Zuerst mit großem Erstaunen. Denn so kennen sie uns noch nicht. Bald wandelt sich dies in Respekt und Bewunderung, die wir spätestens jetzt tatsächlich verdient haben.

Bleiben oder GEHEN?

Muss Mrs. Right eigentlich solo unterwegs sein, um Mr. Right zu treffen? Oder kann sich auch etwas ergeben, wenn da noch eine feste Beziehung ist? Nun, eine allgemeingültige Antwort auf diese Fragen gibt es nicht. Man weiß ja nicht, wie es kommt. Mr. Right kann bei jeder passenden oder unpassenden Gelegenheit in unser Leben schneien. Auf den neuen Mann und auf unsere Wünsche an ihn können wir uns vorbereiten. Aber auf den richtigen Zeitpunkt, in dem wir uns verlieben, können wir uns nicht einstellen. Liebe fragt nicht, ob wir gerade frei sind. Sie passiert, ohne dass wir uns dagegen wehren können. Einfacher ist es natürlich, wenn wir »zu haben« sind. Wenn wir uns ohne Rücksicht auf andere in eine neue Liebe hineinfallen lassen können. Diese komfortable Situation besteht aber nicht, wenn da ein Partner fest an unserer Seite und noch in unserem Zuhause sitzt. Mrs. Right wird sich entscheiden, wenn plötzlich jemand auftaucht, der sie mehr als nur einen Augenblick begeistern kann.

Wollen Sie an Ihrer bestehenden Beziehung oder Ehe festhalten? Oder wollen Sie sich endgültig trennen, weil Sie schon länger unzufrieden oder gar sehr unglücklich sind? Wenn Mr. Right ins Spiel kommt, ergibt sich die Chance, endlich Klarheit zu schaffen. Zuerst natürlich für Sie selbst und in einem weiteren Schritt für Ihre Beziehung zu Mr. Right. Aber ja: Mit 50+ ist das schon eine ziemlich brenzlige Angelegenheit – und zwar für alle Beteiligten!

Für den bisherigen Partner kann eine Trennung ein großer Schock sein, weil er das nach den vielen gemeinsamen Jahren nicht erwartet hat. Mit dem Verlassenwerden kommen Männer sowieso viel schlechter zurecht als Frauen, sie können nicht gut ohne Partnerin sein. Überhaupt ist mit 50+ zu beobachten, dass ihre Anhänglichkeit wächst, je älter sie werden und je länger eine Beziehung besteht. Sie brauchen jemanden, der ihren Alltag begleitet und den Tagesrhythmus gestaltet. Das ist auch der Grund, warum sie schnell Ersatz suchen, wenn sie ihre Partnerin verlieren.

»Der Großteil der Männer, 75 Prozent, geht nach einer Trennung schnell wieder eine Partnerschaft ein«, sagt die Schweizer Psychologie-Professorin Pasqualina Perrig-Chiello und ergänzt: »Frauen hingegen sind sozial besser vernetzt; sie stürzen sich nicht Hals über Kopf in eine neue Beziehung.«

Wenn Frauen nach vielen gemeinsamen Jahren ihren Lebenspartner verlassen, ist nicht selten die Hölle los. Mal eben raus aus einer Langzeitehe hin zu Mr. Right, das macht man nicht aus der Lamäng heraus. Auch der neue Mann, in den wir frisch verliebt sind, kann ein Problem sein, wenn wir uns für ihn frei machen wollen. Er könnte sich bedrängt fühlen, wenn wir zu schnell Tatsachen schaffen. Vielleicht ist er auch selbst noch gebunden und einfach noch nicht soweit, seine Beziehung aufzugeben, gleichgültig wie unbefriedigend sie auch sein mag. Auch in diesem Fall wird die Eile, zügig Klarheit herbeiführen zu wollen, einer frischen Liebe möglicherweise nicht entgegenkommen. Eine weitere Frage wäre: Hält Mr. Right das Hin und Her aus, das unweigerlich eintritt, wenn eine sehr lange Ehe aufgelöst wird? Trägt er die ganzen Dramen mit, die sich ergeben, wenn der Ex seine tiefe Kränkung ausspielt? Die Sache mit Mr. Right kann also trotz einer großen Liebe noch kippen, wenn einer der beiden Männer (oder beide gleichzeitig) die Nerven verlieren.

Deshalb ist es so wichtig, dass wir für UNS das Richtige tun. Egal, wie die Sache mit Mr. Right am Ende ausgehen wird: Entscheidend ist, selbst ein gutes Gewissen mit dem Entschluss zu haben, den wir für UNS getroffen haben. Wir müssen im Reinen damit sein und zu uns selbst sagen können: Ja, für mich war es besser zu gehen – auch wenn mein neuer Partner am Ende doch nicht der Richtige ist und ich jetzt erst mal allein dastehe.

Das große Hadern mit einer langen Beziehung, wer kennt das nicht? Es ist keine Laune 50+. Keine nur vorübergehende Erscheinung, die sich von selbst irgendwie wieder beruhigt. Es steht auch niemand allein damit da. Es trifft jeden Zweiten! Fast die Hälfte aller langjährig Verheirateten ist mit ihrer Beziehung nicht glücklich. Das ist das Ergebnis, das immer wieder von psychologischen Forschern genannt wird. Wahrscheinlich liegt die wahre Zahl sogar noch höher. Nicht jeder ist bereit, so rigoros die innere Wahrheit an sich heranzulassen und sie dann auch nach außen zu leben. Ob ein Ehe-Dilemma gleich zu einer Trennung führen muss, ist immer eine Frage des Einzelfalls. Aber es gibt Symptome, die uns Hinweis sein sollten, endlich zu handeln.

Alarmierende Anzeichen sind: Sie und Ihr Partner haben sich nichts mehr zu sagen. Sie sind voller Energie – und ER will nur noch seine Ruhe haben oder fernsehen. Er zeigt kein Interesse mehr. Er hat heimlich immer wieder Freundinnen. Es geht nicht mehr, weil Sie nicht mehr zusammenkommen, wenn es um Interessen, Hobbys, Urlaub, Wohnort, Ziele und SEX geht. ER ist unzufrieden, jähzornig – oder verstummt und zieht sich zurück. Entfremdung und Außenbeziehungen, Gewalt und Desinteresse, spürbar als emotionale Kälte, sind DIE Signale, die zum Handeln auffordern. Entweder führen Sie jetzt die Trennung herbei. Oder Sie machen eine Therapie, um Ihre Ehe zu retten oder um sich von ihr frei zu machen. Nur: Nichtstun ist keine Lösung!

Viele Frauen überlegen hunderte Male, ob sie ihren Mann tatsächlich verlassen wollen. Das Für und Wider wird vor und zurück gespielt. Schließlich war man 20 oder mehr Jahre zusammen. »Soll ich bleiben oder gehen?« – Das ist eine Schicksalsfrage. Manchmal tragen wir sie über ein ganzes Jahrzehnt mit uns herum, ohne zu einem Ergebnis zu kommen. Was aber hält viele Frauen davon ab, diesen großen Schritt zu wagen? Einfach den Schlussstrich unter ein Kapitel zu setzen, das ermüdet, traurig, unzufrieden und manchmal verzweifelt und sogar krank macht? Nun, es gibt eine Reihe von Gründen, die uns davon abhalten, den letzten Schritt zu gehen:

- *Wir Frauen wollen die Familie zusammenhalten. Ja, family ist wichtiger als* love. *So denken wir. Wir wollen es ihm nicht antun, dass er verletzt und einsam zurückbleibt. Wir wollen es aber vor allem unseren Kindern nicht zumuten. Sie sehen uns und ihren Vater als Einheit – selbst dann, wenn sie schon erwachsen sind. Wir sind ja theoretisch betrachtet nicht nur Eltern, sondern auch Großeltern oder kurz davor, es zu werden. Und wir Frauen sind meistens der Mittelpunkt des Ganzen. Wenn also WIR gehen, »zerschlagen« wir gefühlt einen ganzen Clan.*
- *Wir zerstören ein ganzes Gefüge aus weiteren Familienmitgliedern, Freunden und Bekannten, wenn die eine Säule, nämlich WIR, nach einer Trennung wegfallen. Wir fürchten das Urteil der anderen. Bei einem Schritt, der uns selbst schwer genug fällt, werden wir noch empfindlicher für Kritik. Werden wir jetzt moralisch verbannt? In der Rolle der Ehebrecherin wollen wir uns nicht gern sehen.*
- *Eventuelle finanzielle Einbußen oder der Verlust unseres gesellschaftlichen Status – auch das kann eine Rolle spielen, wenn wir zögern, ohne den Ex in eine neue eigene Zukunft zu gehen. Wenn es bisher sein Geld, seine Existenz, sein Einfluss waren, der uns ein gutes Dasein beschert hat, stellt sich die Frage: Wovon lebe ich in Zukunft? Zwar rückt dieses Thema nicht vordergründig in den Blick, wenn uns gerade eine neue große Liebe überrollt. Aber Geld ist ein Hemmnis – und das will überwunden werden!*

- *Last, but not least bedeutet eine Trennung auch immer den Abschied von einer ganz großen Hoffnung. Obwohl wir als »Kinder der sexuellen Revolution« sehr freiheitlich aufgewachsen sind, haben auch wir einst mit einer romantischen Absicht JA gesagt – nämlich mit der Idee, für immer zusammenzubleiben. Wir alle waren sicher, dass es hält, »bis dass der Tod uns scheidet«. Eine so späte Trennung empfinden viele wie eine persönliche Lebensniederlage, die schmerzt. Für die meisten »Scheidungsfrauen« war die zerbrochene Beziehung einst die große Liebe. Und manchmal beschämt dieses Scheitern auch, spätestens dann, wenn alle Leute aus unserem Umfeld davon erfahren. Warum wir – immer noch – so ticken? Vielleicht weil wir Frauen 50+ manchmal doch noch zu wenig Selbstbewusstsein haben. ABER: Es wird besser. Wir arbeiten daran!*

Der späte Neuanfang im persönlichen intimen Leben mit 50+ ist für uns keine Ausnahme. Über die Hälfte der Trennungen nach einer langjährigen Partnerschaft geht von den Frauen aus, so das Ergebnis einer Studie von Professorin Dr. Pasqualina Perrig-Chiello. Sie beschreibt dies in ihrem Buch »Wenn die Liebe nicht mehr jung ist« (Göttingen 2017) so: Bei den über 65-Jährigen steigt sogar die Zahl der Frauen, die einen Schlussstrich ziehen unter eine Ehe, die schon lange keine mehr ist: In zwei Dritteln aller Fälle ergreifen sie die Initiative, »jetzt noch« auseinanderzugehen. Die Gründe können vielfältig sein. Frauen reagieren, weil ihr Mann sie betrügt oder vernachlässigt. Oder sie gehen, weil sie sich noch einmal richtig verliebt haben. Andere wiederum suchen sich selbst und wollen eine Zeit lang lieber allein leben als neben dem Falschen.

Nur, wie kommen wir aus der Zwickmühle 50+ heraus, wenn wir uns in einen anderen Mann verguckt haben, aber in einer festen Beziehung leben?

Bevor Sie eine Entscheidung treffen, stellen Sie sich am besten drei zentrale Fragen:

- *Warum bin ich in meiner Beziehung so unglücklich?*
- *Was verspreche ich mir davon, meinen Partner zu verlassen?*
- *Was sind meine Ziele für die Zukunft?*

Antworten, die ein Signal sein können, eine Beziehung endgültig zu beenden, sind zum Beispiel diese:

- *Ich möchte noch einmal ganz nach meinem Rhythmus leben.*
- *Ich habe so viele Interessen, die mein Mann nicht mit mir teilt.*
- *Ich möchte nicht mehr die betrogene Ehefrau sein.*
- *Ich will Kränkungen durch meinen Partner nicht mehr länger ertragen.*
- *Ich habe meinem Mann nichts mehr zu sagen.*
- *Ich habe keine Lust mehr, mit ihm zu schlafen.*
- *Ich sehne mich nach einer neuen Liebe.*
- *Ich lebe lieber allein statt einsam in einer Ehe wie bisher.*
- *Ich bin einem wunderbaren anderen Mann begegnet, der mir sehr wichtig ist.*
- *Ich habe mich noch einmal richtig verliebt.*

Statements wie diese zehn zeigen an, dass wir innerlich mit unserer EHE abgeschlossen haben. Ob da noch etwas zu retten ist, muss jede Frau für sich herausfinden, auch, ob sie das überhaupt noch will. Mrs. Right jedenfalls spricht aus, was nicht stimmt – und geht auf eigene Faust. Oder sie holt sich professionelle Hilfe, um die für sie richtige Entscheidung zu finden.

Ich bin dann mal verliebt ...

Solange kein Mr. Right in Sicht ist, übt sich Mrs. Right in Geduld. Und bleibt dabei schön locker. Nicht eine Sekunde wird man ihr anmerken, dass sie traurig ist, sich allein fühlt oder verzweifelt, weil sie noch nicht den Richtigen gefunden hat. Niemand kann ihre Enttäuschung erkennen, dass es einfach noch nicht mit der späten großen Liebe geklappt hat.

Natürlich ist sie nicht erfreut darüber. Natürlich fragt sie sich, was da wohl falsch läuft. Aber sie vertraut auf ihre persönliche Biografie und darauf, dass eines Tages der Richtige vor ihr stehen wird. Ja, Mrs. Right gönnt sich jetzt, mit 50+, eine Prise Spiritualität. Sie glaubt fest daran, dass es eine »höhere Macht« gibt, die sie führt. Dieses Vertrauen nimmt ihr die Angst und Skepsis, dass da vielleicht gar keiner mehr kommt!

Gabrielle Bernstein, eine junge »spirituelle Aktivistin« aus New York, lehrt ihre Fans, Blockaden in ihrem persönlichen und beruflichen Leben zu lösen. Sie selbst war Single und sehnte sich nach einem festen Partner. Sie bat das Universum um Hilfe. In immer wiederkehrenden Meditationen weckte sie romantische Gefühle in sich. Sie ließ Emotionen zu, die nur entstehen, wenn man frisch verliebt ist. Täglich beschwor sie diesen Zustand von *In-love*-Sein herauf. Ging sie eine Straße entlang, stellte sie sich vor, dass sie den perfekten Partner bereits an ihrer Seite hat. Und gedanklich umgab sie sich mit einer Romanze, die es noch gar nicht gab. Die Energie, die sie dadurch ausstrahlte, machte sie attraktiv für die Liebe. Sie sagt, dass es nicht lange dauerte, bis sie Dates hatte. Irgendwann war ein Mann dabei, der sie bis heute glücklich macht – und den hat sie geheiratet.

Liebe Ladys 50+, natürlich wollen wir jetzt nicht zu den Gurus gehen. Auch ohne sie wissen wir heute, dass wir zurückbekommen, was wir an Signalen ausstrahlen. Autosuggestion funktioniert. Das bestätigt uns unsere Lebenserfahrung. Wenn wir lachen, kommt auch ein Lachen zurück. Wenn wir grimmig und zickig dreinschauen, ziehen wir Unmut und Respektlosigkeit an. Strahlen wir die Gewissheit aus, dass es da jemanden gibt, der für uns gedacht ist, wird er eines Tages vor uns stehen. Wer Liebe sendet, wird sie empfangen.

Der Sinn der beschriebenen Imagination: Wir nehmen so etwas wie eine Ahnung von Liebe wieder wahr. Das macht uns weicher, empfänglicher für Komplimente. Wir lassen wieder mehr Sinnlichkeit in unser Leben, fühlen uns leichter, schöner, freier. Wer sollte uns, wenn wir mit 50+ so drauf sind, noch widerstehen?

Lassen wir diese spirituelle Energie einfach mal zu. Ich finde, man muss nicht an sie glauben. Aber man kann sich ihr mit einer kleinen täglichen Meditationsübung hingeben. Den Zauber einer neuen Liebe spüren und schauen, was kommt. Es kostet uns nichts. Wir können es einfach ausprobieren. Wie eine Mrs. Right, die einfach ins Blaue hinein sagt: »Ich bin dann mal verliebt …«

Noch mal in wenigen Worten: Bevor wir auf einen Mr. Right zusteuern, schauen wir auch, ob wir selbst die Richtige sind. Sind wir DIE Frau, die einen Mann begeistern kann? Dabei geht es nicht um das Aussehen oder andere Attraktivitätsmerkmale. Es geht darum, ob wir mit uns im Reinen sind. Sind wir DIE Frau, die wir selbst sein wollen? Leben wir unsere Wünsche und unsere Träume? Nur wenn WIR glücklich sind, ziehen wir Glück in der Liebe an. Mrs. Right weiß, dass sie das Glück erst in sich selbst finden muss. Dazu gehört auch, dass wir unsere Liebesvergangenheit für uns neu einordnen. Wir sehen uns nicht als Opfer. Wir erkennen jetzt, wo unser Anteil im Scheitern früherer Beziehungen liegt. Wir nehmen uns die Zeit zu überlegen, wie wir uns besser aufstellen können. Mrs. Right gönnt sich nun erst mal eine seelische Detox-Kur. Sie weiß, dass sie auf dem richtigen Weg zu sich selbst ist. Wir alle sind Mrs. Right, wenn wir wieder eine toughe Person sind – nach einer Ehe, in einer Ehe, nach einer Trennung, nach einer langen Single-Zeit. Dann ist die Chance am größten, auf einen Mr. Right zu treffen und am Ende auch eine echte Perspektive mit ihm zu haben.

5

Muss ich eine Beauty-Queen sein?

Wir sind auf der richtigen Spur. JETZT ist der perfekte Moment, Mr. Right in unser Leben zu lassen. Ja, eigentlich könnte es ganz einfach sein. Wir begegnen ihm im Urlaub, auf einer Party, auf der Straße, im Café, beim Arzt, beim Shopping oder an der Tankstelle. Und er gefällt uns. Er hat sogar das Potenzial, wirklich der Richtige zu sein. Doch er beißt nicht an. Er guckt schnell wieder weg, wenn unsere Augen sich finden. Oder er würdigt uns erst gar keines Blickes. Oder, viel schlimmer, seine Aufmerksamkeit schweift ab zu einer anderen Frau. Noch unerspießlicher kann nur das erste, völlig verpatzte Date mit ihm sein. Wir sind beeindruckt – aber er ruft nicht wieder an. Er meldet sich nie mehr. Wahrscheinlich glaubt er, etwas »Besseres« zu kriegen als uns.

Oh je, das fängt ja gut an … So viele kümmerliche Momente bereits in der Startphase einer möglichen unverbindlichen Romanze, die das ganz große Ding 50+ werden könnte. Oft reißen solche Vorkommnisse Frauen aus einem späten Dornröschenschlaf. Vor allem dann, wenn immer wieder so etwas passiert. Plötzlich ist die Erkenntnis wieder da, die ziemlich weit zurück in unsere ganz jungen Jahre reicht: Es gibt nicht nur uns allein. Da sind noch viele andere »schöne Töchter« im Rennen um DEN EINEN. Ja, die Konkurrenz schläft nicht! Dieser Satz, oft im Spaß gesagt, ist auf einmal wieder ganz aktuell.

Sweet Girl 50+

Was hat SIE, was ICH nicht habe? Das haben wir uns ja oft schon früher gefragt. Und wieder rätseln wir, wie es diejenigen Frauen nur anstellen, die jetzt das große, neue Glück in der Liebe erleben: Sind sie schöner, schicker, charmanter als wir? Oder schlanker, sportlicher, stylisher als wir? Oder allein schon deshalb attraktiver, weil jünger als wir? Ziemlich verzweifelte Fragen, die sich in der Lebensmitte so stellen. Dabei wissen wir doch eigentlich sehr genau, dass sie vollkommen überflüssig sind. Haben wir uns nicht schon viel früher geschworen, dass wir uns nie wieder als hässliches Entlein fühlen wollen, nur weil ein Kerl sich anders entscheidet, als von uns erhofft?

Ja, das war und ist bis heute eine sensible Geschichte. Wie sehe ich aus? Mag ich mein Spiegelbild anschauen? Komme ich noch bei den Männern an? Wenn wir ehrlich sind, bewegt uns das schon, wenn es um Mr. Right geht. Die meisten sind immer wieder hin- und hergerissen: Sind Schönheit und Liebe wirklich untrennbar miteinander verbunden? Einerseits gehören sie zusammen – andererseits fühlen wir eine gewisse Abwehr gegen diese Symbiose. Warum soll das eine etwas mit dem anderen zu tun haben, wenn es um ein neues gemeinsames Leben geht? Ein Mann, der nur eine Beauty-Queen will, ist nämlich bei uns an der ganz falschen Adresse. So einen wollen wir nicht haben. So einer wäre uns spätestens heute viel zu oberflächlich, zu anmaßend, zu überheblich.

Außerdem müssen wir uns keine Sorgen machen, dass wir nicht hübsch genug sind – oder nicht flott genug wirken. Nein, darum geht es nicht. Wir Frauen 50+ können heute ALLE toll ausschauen. Nur wollen wir uns keinen Stress mehr damit machen. Beauty-Neurosen pflegen, nur damit ein männliches Wesen bereit ist, uns wahrzunehmen und um uns zu werben. Das sind *tempi passati*, längst vergangene Zeiten. Bitte keinen Kopfstand mehr, nur damit ER aufmerksam wird. Nein, so läuft gar nichts mit uns.

Aber: Unser Aussehen ist uns keineswegs egal. Gerade dann nicht, wenn wir an eine neue Liebe denken. Das ist der ewige Widerspruch, wenn es um einen Mann geht. Wir sagen zwar

Nein zum Schönheitswahn. Aber praktisch ist es ein JA, wenn wir uns aufbrezeln, bevor wir uns mit einem super Typen treffen. Was Make-up und Outfit angeht, sind wir äußert kritisch mit uns. Schließlich haben wir uns verändert.

Es gibt durchaus Entdeckungen, die nicht so prickelnd sind. Kleine Ärgerlichkeiten, die einem täglich im Bad »Guten Morgen« sagen: das Haar, das nicht so will wie wir. Das Hüftgold, das sich ausgerechnet gegen die schicksten und gerade angesagten Jeans sperrt. Unsere Haut, bestraft nach zu vielen (aber herrlichen!) Sonnenbädern. Ganz zu schweigen von der Schwerkraft, die wir immer wieder neu zu überlisten versuchen. Die Spuren der Zeit zeigen sich dort, wo wir sie gerade überhaupt nicht gebrauchen können. Und dennoch fühlen wir uns nicht schlecht damit. Schauen wir heute auf die Ladys 50+, sehen wir nur schönste Energie und Lebenslust. Da drängt sich die Frage auf: Waren wir als junge Frauen wirklich attraktiver als heute?

Ich meine: Wir sind jetzt viel schöner. Unsere Augen blitzen schlauer und keck. Unser Gesicht hat viel mehr Ausdruckskraft. Wir haben einen besseren Kleidergeschmack, schminken uns dezenter und feiner. Mit 50 und mehr Jahren sind wir ein gut geschliffener Diamant, der seine wahre Schönheit erst jetzt entfaltet. Also, eigentlich könnten wir uns besser gefallen als in früheren Zeiten, mal abgesehen von den Beauty-Malaisen 50+, von der selbst eine Kleopatra nicht verschont bleibt. Das Motto »Jung, jünger, schön« hat sich überholt. Wer will heute ernsthaft behaupten, dass nur Frauen mit 20 oder 30 Jahren eine Augenweide sind?

Dennoch geistert da ein Satz herum, der wie ein Abgesang auf Liebe, Erotik, Sex und SCHÖNHEIT in unserer Zeitphase klingt: »Ab 50 werden Frauen unsichtbar.« Selbst berühmte Schauspielerinnen beten uns ihren sehr deprimierenden, sehr persönlichen Eindruck immer wieder in ihren Interviews vor. Aber wollen wir das so stehen lassen? NIEMALS. Wenn wir die Netze nach einem Mr. Right auswerfen, besinnen wir uns auf das, was wir haben. Wir richten unseren Blick auf das, was wir gut an uns finden. JEDE Frau ist schön. Jede auf eine einzigartige Weise. Um unsere Sichtbarkeit brauchen wir uns nun wirklich keine Sorgen zu machen. Wir werden von Männern nicht mehr angeguckt? Pah. Das stimmt einfach nicht. Wir brauchen ja nur mal darauf zu achten, wer uns auf der Straße, im Restaurant oder sonst wo wahrnimmt. Wer bitte ist nur auf diesen, Entschuldigung, scheußlichen Satz gekommen?

»Niemand ist nach 40 Jahren jung, aber man kann in jedem Alter unwiderstehlich sein!« DAS ist die Wahrheit über die bleibende Attraktivität von Frauen. So zutreffend brachte es – mal wieder – Mode-Designerin Coco Chanel auf den Punkt. Sie war klug, witzig und böse, wenn sie den Mund aufmachte. Aber niemand vor ihr und niemand nach ihr hat so selbstverständlich und mit so viel Nonchalance bewiesen, dass Anziehungskraft keine Frage des Alters ist. Ihre Entwürfe waren zeitlos. Ihr Style in jeder Phase des Lebens tragbar. Wie keine andere hat sie den Damen der Gesellschaft die Angst vor den Jahren genommen. Ihr Name hat bis heute Strahlkraft. Sie zählt zu den 100 einflussreichsten Menschen des vorigen Jahrhunderts. Mit ihr sind schon unsere Großmütter stylish groß geworden. Was Coco erfand, hat heute noch Klasse. Und was Mademoiselle (ja, so wollte sie angesprochen werden!) gesagt hat, hat nichts von seiner bissigen Gültigkeit verloren. Und wir, die Frauen 50+, sind in Sachen Beauty voll auf Cocos Route. Ja, wir können UNWIDERSTEHLICH sein!

WIR wissen, dass sich Anziehungskraft nicht mit dem Alter definiert. Aber sehen die Männer das auch so, wenn es um Frauen 50+ geht? Wie wichtig ist unsere äußere Erscheinung, wenn wir uns noch einmal richtig verlieben wollen? Spielt sie wirklich eine so entscheidende Rolle? Zumindest machen wir selbst uns viele Gedanken, wenn es um unser Aussehen geht – insbesondere dann, wenn Mr. Right ins Spiel kommt!

Schönheit macht Liebe

Klar wollen wir bei ihm gut ankommen. Wir machen uns ja nicht nur für uns schön, wenn wir ein DATE haben. Wir wollen, dass ER uns klasse findet, wenn er uns anschaut. Wenn auch die Zeiten, dass man uns hinterherpfeift, unwiederbringlich vorbei sind. Ein Kompliment, das wir hübsch sind, freut uns. Wir nehmen es gern an. Nein, wir sagen nicht mehr: »Ach, das kommt alles aus der Tube …« Für falsche Bescheidenheit ist jetzt nicht die Zeit. Dass da jemand ist, der unser Gesicht und unseren Körper mag, ist wunderbar. Einem Mann gefallen zu möchten, den wir gut finden, ist so alt wie die Liebe. Das können und werden wir uns nie abgewöhnen. Schon gar nicht, wenn wir auf einen potenziellen Mr. Right zugehen.

Männern ganz allgemein ist es wichtig, dass eine Frau schön ist. Ja, Aussehen spielt doch eine entscheidende Rolle, wenn wir jetzt einen Mann finden wollen. Männer achten sehr viel mehr auf das Äußere bei Frauen, als wir es umgekehrt bei ihnen tun. Zu diesem Ergebnis kommen alle Partnerschaftsforschungen der vergangenen Jahrzehnte, das hat man ganz nüchtern wissenschaftlich festgestellt. Das heißt: Auch die Frau 50+ muss schon ein schickes Mädchen sein, wenn sie noch mal eine neue Liebe erleben möchte. Natürlich schauen auch Frauen, wie ER aussieht. Es ist ihnen nur nicht ganz so wichtig wie ihm. Eigentlich brauchen wir Frauen auch keine Forschung dazu, wir haben es immer wieder erlebt: Die Hübschesten angeln sich die attraktivsten Männer. Meistens jedenfalls. Das macht auch erklärbar, warum Frauen in allen Alterskategorien so oft von Selbstzweifeln geplagt sind. Das Bewusstsein für Schönheit ist eben nicht nur ein Egotrip. Dass wir hübsch sind, muss auch auf der anderen Seite so gesehen werden. Schönheit liegt – gerade in der Liebe – im Auge des Betrachters. Wenn die Funken sprühen sollen, muss Mr. Right von uns hingerissen sein!

Aber was bitte ist SCHÖN 50+, wenn es um unsere körperlichen Attraktivitätsmerkmale geht? Immer wieder ist zu lesen, dass als schön wahrgenommen wird, was etwas über die Fortpflanzungsfähigkeit aussagt. Motto: »Männchen sucht Weibchen, das geschlechtsreif ist.« Und dann wird aufgezählt, wodurch sich dieser Zustand bei Frauen ausdrücken soll: hohe Wangenknochen, volle Lippen, große Augen, gesunder Teint etc.

Damit, liebe Ladys, wollen wir uns aber nicht weiter aufhalten. Wir benutzen Rouge, Lippenstift, Mascara, Tönungscreme – und fix haben wir diese Attribute, auf die es ankommen soll, in unser Gesicht gepinselt. Aber denken wir wirklich daran, wenn wir unser Make-up auflegen? Nein, nicht eine Sekunde! Wir selbst mögen uns einfach besser leiden, wenn wir unsere Vorzüge unterstreichen und kleine Unebenheiten retuschieren. Wir sehen lebendiger aus, wir haben eine bessere Aura – und das macht uns glücklich. Und natürlich wirken wir so auch anziehend.

Was aber schön ist und was nicht, lässt sich besonders in unserer Lebensphase nicht nach diesen erforschten Mustern definieren. Und Gott sei Dank gibt es viele verschiedene Sichtweisen, was nun *beauty* ist und was nicht. Das Sprichwort »Auf jeden Topf passt ein Deckel« gilt auch für die äußerlichen Vorlieben. Und es gilt gleichermaßen für Frauen und Männer, die aktuell einen neuen Lebenspartner finden wollen.

Ich bin ein GOLDFISCH!

Den Begriff Schönheit müssen wir neu definieren. Er bedeutet heute etwas anderes. Wir können nicht mehr aussehen wie mit 20 oder 30 Jahren. Und vor allem wollen wir das auch nicht. Gleichwohl können wir SCHÖN sein! Aber was genau *beautiful* ist – ha, das legen wir selbst fest. Ja, wir wollen gut aussehen. Aber wir machen uns frei von Regeln. Darüber, was ein Mr. Right toll findet, will sich keine Lady 50+ mehr den Kopf zerbrechen. Sie wird nämlich zu keinem befriedigenden Ergebnis kommen. Sie kann es ihm gar nicht mehr recht machen: Entweder weil sie nicht den gängigen Idealmaßen entspricht und/oder weil sie sich seinem Geschmack nicht anpassen will. Und was überhaupt soll denn der Männergeschmack sein? Wer legt das fest?

Wir Frauen mit 50+ lösen uns von dem Gedanken, was Männer gut finden und was sie nicht ausstehen können. Wir möchten ihnen gefallen, ja, aber nur so, wie wir es wollen und können. Für einen, der Blondinen bevorzugt, möchten wir uns nicht die Haare färben, weil uns der liebe Gott brünett oder bereits *silver* gemacht hat. Für einen, der nur ganz grazile Frauen mag, werden wir uns nicht auf Kleidergröße 34/36 herunterhungern. Für jemanden, der nur ganz lange Beine schätzt, werden wir nicht auf Stelzen gehen. Und für den, der zehn Zentimeter kleiner ist als wir, schlüpfen wir nicht in flache Sandalen, wenn uns gerade nach High Heels ist. Wir wollen heute so schön sein, wie WIR es jetzt als schön empfinden.

Der wichtigste Beauty-Faktor ist unsere Ausstrahlung. Eine Frau, der man ansieht, dass sie sich wohlfühlt in ihrer Haut, ist eine Schönheitskönigin. Dieses Charisma beruht auf dem Zusammenspiel sehr vieler äußerer wie innerer Faktoren. Über allem steht das Gebot: Es muss uns gut gehen. Schön sein 50+ bedeutet: Wir übernehmen Verantwortung für unseren Körper – und für unsere Seele. Niemand muss sich verkleiden oder verstellen. Die Maskerade allein garantiert weder Schneewittchen-Teint noch Männer-Boom.

Schönsein JETZT heißt, dass wir unsere Einstellung verändern. Wir erlauben uns keine negativen Gedanken mehr à la »Mich guckt keiner an«, »Ich bin viel zu alt«, »Wie sehe ich aus mit ihm im Bett?«, »Es kommt ja doch nichts mehr« oder »Die Männer wollen nur jüngere Frauen«. Wenn solche Zweifel in unserem Kopf herumgeistern, spiegelt sich das in unserem Gesicht wider und wirkt sich auf unsere Aura aus. Nein, diese Gedanken sind tabu. Wir schalten um. Und finden eine andere Haltung zu unserem Aussehen, wenn wir Mr. Right im Auge haben. Wir trennen uns von negativen Glaubenssätzen und polen um auf ein positives Beauty-Mantra: »Ich bin so schön, wie ich mich fühle.« Haben wir ein gutes Body-Feeling, sind wir die Beauty-Queen. Wir lassen unseren Körper für sich und unsere Einstellung zu uns selbst sprechen: Hey, Mr. Right, ich bin schön, ich bin ein Goldfisch. Du musst dich beeilen, wenn du noch eine Chance haben willst bei mir.

Beauty-Booster 50+

Mit 50 und mehr Jahren wollen wir GESUND sein – und ENER-
GIE haben. Diese Ziele rangieren vor allen anderen, sie sind
DAS Rezept für unsere Schönheit jetzt! Unsere Beauty-Booster
50+ sind so simpel wie effektvoll. Wir finden sie in der Natur,
manchmal in der Apotheke – und vor allem in uns selbst.

Das Geheimnis unserer Energie ist **Wasser**. Ja, doch, WASSER!
Spott und Häme gehen bis heute auf die Schauspielerin Iris Ber-
ben nieder, weil sie ihr tolles Aussehen vor Jahren mit »viel
Wasser trinken« erklärte. Aber: Sie hat recht! Natürlich macht
Wasser trinken schön! Das allein reicht zwar noch nicht aus,
um wie ein Filmstar auszusehen, aber Wasser ist der erste und
wichtigste Baustein für unsere Schönheit. Im Zusammenspiel
mit allen wichtigen Mineralstoffen hält es die Körperzellen fit.
Die Organe bleiben gesund, der Teint wird klar und strahlt. Die
beste Creme auf die Oberfläche aufzutragen nützt nichts, wenn
die Haut nicht auch innerlich gut versorgt ist. Um die zwei Liter
Flüssigkeit sollten wir jeden Tag trinken: Kräutertee, Säfte, am
besten aber klares Wasser.

Obst und Gemüse unterstützen unsere Beauty-Ressourcen,
beides besteht zu zwei Drittel aus Wasser. Dazu enthalten sie alle
wichtigen Mineralien, Spurenelemente und Vitamine, die unsere
Zellen brauchen, damit das Wasser zu ihnen gelangen kann.
Grüne Gemüse beispielsweise enthalten viel Kalzium, Magne-
sium und Kalium. Wer sich gut mit allen förderlichen Stoffen versorgt, fühlt sich stärker und hat mehr Elan. Die Haut findet das
auch gut: Sie wird glatter, hat mehr Spannung, ist elastisch. Das
wirkt sich auf unsere ganze Erscheinung aus. Die Gesichtszüge
werden weicher, das Haar kräftiger. Wir fühlen uns frischer –
und sehen auch so aus! Pflanzen-Power ist DAS Beauty-Geheim-
nis für Frauen 50+.

Allerdings ist auf Grünzeug auch nicht immer Verlass. Dem
Boden, auf dem es wächst, fehlen heute viele Nährstoffe. Außerdem ist die Erde mit Umweltgiften belastet. Beides wirkt sich
auf die Pflanzen aus, sodass sie nicht mehr das Potenzial freiset-
zen wie etwa in unserer Kindheit. Deshalb sind heute oft **Nah-
rungsergänzungsmittel** sinnvoll. Sie halten unseren Vitamin- und

Mineralstoffhaushalt im Gleichgewicht und wirken Zellschädigungen und damit der Alterung entgegen. Ein großes Blutbild gibt Auskunft darüber, was fehlt und was genau zu ergänzen wäre. Ein vorbeugender Arztbesuch ist für alle Beautys 50+ ein Muss!

Wir zählen auch keine Kilos und Kalorien mehr. Für unsere Schönheit heute zählt **Gesundheit statt Gewicht.** Denn schlank ist nicht automatisch gesund und schön, und ein paar Pfunde mehr machen nicht gleich krank und weniger schön. Wir müssen essen – aber nahrhaft! Weg von den Fertiggerichten hin zu vollwertiger Kost. Ja, es lohnt sich, selbst zu kochen. Es gibt unzählige Rezepte, die schnell gehen und uns fit halten. Wir brauchen Vollkorn, Fisch, Fleisch, wenig Zucker, aber viel Fett aus besten Pflanzenölen. Wir können gern gut essen. Wichtig ist, dass wir mit Bewegung und etwas Training unsere Muskeln und damit auch unsere Figur stabil halten. Unser Beauty-Motto 50+: »Nicht hungern, sondern GUT essen macht schön.«

Wir brauchen mehr **Ruhe.** Sanfte Bewegungen mit der richtigen Atemtechnik, die uns *down to earth* bringen, wenn es im Alltag rundgeht. Vortrefflich helfen dabei Qigong, Yoga, Walken und Dehnungsübungen. Stress ist ein echter Schönheitskiller. Ein gutes Nervenkostüm und viel Schlaf hingegen helfen unserem Stoffwechsel. Wir verarbeiten alle Nährstoffe besser – und, wenn es sein soll, nehmen wir auf ganz natürlichem Weg ab. Wir machen insgesamt einen entspannten Eindruck, unsere Gesichtszüge glätten sich, schon das allein ist *very beautiful!*

Ach ja, das Wichtigste hätte ich fast nicht erwähnt, weil es so selbstverständlich ist: Wir müssen **genießen.** Lassen wir die pure Verführung in unser Leben. Geben wir Freude und Lachen so viel Raum, wie sie brauchen, damit unsere Augen vor Glück strahlen. Wir kasteien uns nicht. Nein, wir erlauben uns kleine und größere Sünden. Nicht jeden Tag, aber dann, wenn uns danach ist: Schokolade, ein spätes Menü, Champagner, ein Wein. Das selbst gemachte Törtchen im Sommer im Garten. Ein herrliches Eis. Und den Teller voll mit dampfenden, heißen Spaghetti nicht zu vergessen. Nichts ist so wenig attraktiv wie eine Frau, die ausschließlich am Salatblatt knabbert (oder ein Mann, der mäkelt, wenn sie sich lustvoll einem schönen Essen hingibt ...).

Unser Motto 50+: »Wer keinen Spaß an kleinen Verlockungen und einem herrlichen Mahl hat, kann auch andere sinnliche Vergnügen nicht genießen ...«

Ein ebenso bedeutender Schönheitsfaktor ist der **gelassene Umgang mit unserem Aussehen.** Gönnen wir uns also die Zeit und Muße zu überlegen: Wie gehen wir mit den Dingen um, die uns immer noch nicht gefallen? Ignorieren – oder operieren? Etwas machen lassen – oder alles so bleiben lassen? Ich meine: Wir sollten uns nicht in etwas verrennen. Nicht von vornherein verteufeln, was vielleicht schonend, einfach und ohne Risiko zu beheben ist. Aber auch nicht übertrieben an Gesicht und Körper werkeln lassen, um einem vermeintlichen Ideal zu entsprechen. Es hilft, entspannt an diese Überlegungen heranzugehen. Mit 50+ können wir gut selbst beurteilen, wie wir unserer Beauty persönlich auf die Sprünge helfen.

Schönheitsfleck zum Beispiel ist ja nicht gleich Schönheitsfleck. Ein kleines Muttermal über dem Mund kann ganz charmant sein. Keine Frage. Sommersprossen über das ganze Gesicht verteilt können jung und lustig wirken. Sie gehören zu uns. So sind wir, so sehen wir aus. Warum MUSS das verschwinden? Kleine und größere gutartige Geschwulste sind meiner Meinung nach ein anderes Thema. Wollen wir die wirklich sehen, wenn wir den Spiegel aus der Tasche holen? Ebenso kann es sich mit den Zornesfalten auf der Stirn verhalten. Mit der Zeit graben sie sich immer tiefer in die Zellschichten ein. Spätestens wenn man uns fragt, warum wir immer so böse gucken, obwohl wir bester Stimmung sind – WEG damit! Was soll an einer Minigabe Hyaluron-Filler schon so schlimm sein? Das kann eine Frau 50+ mit bestem Gewissen machen lassen – wenn SIE es WILL.

Alterswarzen und größere Sonnenschäden werden auch nicht weniger, zumindest bei denjenigen, die dazu neigen. Warum sollten wir dagegen nicht etwas tun? Zum Beispiel ein wenig beim Hautarzt gegenarbeiten. Das Schlupflid, das uns müde aussehen lässt, darf auch gern auf die Abschiedsliste. Irgendwann. Heute muss ja nicht immer gleich etwas weggeschnitten werden. Gesichtsmassagen und eine neue, spezielle kosmetische Korrektur helfen fürs Erste und lassen unsere Augen leuchten. Und wer das möchte, dem schadet ein bisschen Needling gegen stramme wie resistente Querfältchen über der Stirn bestimmt auch nicht. Wenn die Zeit dafür da ist, warum nicht? Kleine Retuschen können Beauty-Wunder bewirken – vorausgesetzt, man WILL dies auch wirklich.

Größere Eingriffe beim Schönheitschirurgen? Nun, die sind nie ohne, denn es geht ja um Operationen – oft unter Vollnarkose. Sie setzen beste medizinische und manchmal psychologische Beratung voraus! Straffung oder Vergrößerung der Brust, Fett absaugen, Krampfadern ziehen etc. – das darf man nicht auf die leichte Schulter nehmen. Da ist eine sorgfältige und umfassende Aufklärung Pflicht, damit Sie ganz genau wissen, was der Eingriff mit Ihnen macht. Vor allem muss genau geklärt werden: Was erwarten Sie sich von dieser OP – und was bringt sie im Ergebnis? Hier gilt: Je besser der Arzt, je umsichtiger und vernünftiger unsere Überlegungen, desto schöner das Ergebnis.

Ein selbstsicherer, moderater Umgang mit den kosmetischen und medizinischen Möglichkeiten ist das Geheimnis, wenn wir unser Aussehen beeinflussen wollen. Aber natürlich bedeutet Gelassenheit viel mehr als die unaufgeregte Analyse, ob und was wir an unserem Äußeren verändern möchten. Wirklicher Erfolg beim Thema Beauty und Ausstrahlung beruht auf einer gesunden und entspannten Haltung zu unserer aktuellen Lebensphase 50+.

Wir schauen mit Spannung auf das, was jetzt kommt. Wir haben Pläne – und wollen sie umsetzen. Ängstlichen Gedanken geben wir keinen Raum. Wir können die Uhren nicht zurückstellen, wir werden älter. Daran können wir nichts ändern. Aber wir können uns entscheiden, ob wir diese Jahre mit Sinn und Freude füllen – oder ob wir jammern wollen. 50 und mehr Jahre alt zu werden ist ein Geschenk. Dieses Geschenk dankbar und glücklich anzunehmen macht schön.

Das Glas ist halbvoll mit 50+. Wir klagen nicht über die Falten, das Zwicken in Muskeln und Gelenken. Wir reden auch nicht herbei, dass wir einsam, krank oder verlassen sind. Wir resignieren nicht, weil gerade mal Flaute in der Liebe herrscht. Und schon gar nicht verfallen wir in Trübsinn, weil uns jemand einzureden versucht, dass die beste Zeit als Frau hinter uns liegt. Im Gegenteil: Die reichsten Jahre als Frau kommen JETZT! Auch weil wir uns die Freiheit nehmen, für uns bessere Entscheidungen zu treffen.

Beauty 50+ heißt nämlich auch, dem Leben wieder mehr Qualität zu geben. Dazu gehört, dass wir heute ganz bei unserem Typ bleiben. Wer jemand anderes sein will, ist verloren. Mit 50+ wollen wir die Frau sein, die wir sind. *»First, I do it for myself«*, das ist unser Motto, wenn wir an uns und unser Aussehen denken und darauf einwirken möchten. Ob wir schön sind und wie, das bestimmen wir selbst. Für dieses neue Selbstbewusstsein ist es höchste Zeit. Uns schaut niemand mehr an? Nein – wir hören nicht auf, über diesen Blödsinn zu lachen … Es gibt ja wohl mehr schicke Frauen als Männer 50+. Schauen Sie sich mal um auf der Straße, im Büro, im Urlaub.

Liebe Ladys 50+, lassen Sie sich nichts Komisches einreden: Es gibt keine ÄLTEREN Frauen. Es gibt Frauen. Und Frau bleiben wir bis zum Schluss. Außerdem: Jede Frau 50+ kann eine Schönheitskönigin sein. Und ein Mr. Right wird SIE erkennen – sonst ist er keiner!

Noch mal in wenigen Worten: Wir sind startklar und treffen einen möglichen Mr. Right. Wir machen eine Erfahrung, die wir eigentlich schon abgehakt haben, obwohl sie unbewusst immer da gewesen ist: Liebe und Schönheit hängen zusammen. Ein Mann will eine schöne Frau, ja, das ist so. Auch ein Mr. Right! Damit können wir heute gut umgehen. Mit 50 und mehr Jahren können und wollen wir nicht mehr aussehen wie mit 20 oder 30. Heute müssen wir Schönheit neu denken. Unser gutes Aussehen jetzt speist sich aus einem Zusammenspiel äußerer und innerer Faktoren. Wir übernehmen Verantwortung für unseren Körper und unsere Seele. Wir investieren in unsere Gesundheit und unsere Energie. Kosmetische und mögliche chirurgische Eingriffe planen wir mit Umsicht und Vorsicht. Unsere Schönheit ist vor allem abhängig von unserer Einstellung zu dieser Zeitphase heute. Wir jammern nicht, weil wir älter werden. Nein, wir freuen uns, dass jetzt die beste Zeit unseres Lebens kommt: Wir werden frei. Wir machen uns unabhängig von Schönheitsregeln. Wir sind so schön, wie WIR es jetzt WOLLEN und KÖNNEN. Nur eine Frau, die sich wohlfühlt in ihrer Haut, ist attraktiv. Sie hat die besten Chancen einen Mr. Right zu treffen – und ihn zu halten.

So sieht es Deutschlands berühmtester Schönheitschirurg Professor Dr. Werner Mang

Professor Mang ist Chefarzt der Bodenseeklinik, Präsident der Internationalen Gesellschaft für Ästhetische Medizin (IGÄM e. V.) sowie Mitglied vieler nationaler und internationaler Fachgesellschaften.

Claudia Hagge: Welche Rolle spielt Schönheit in der Liebe? Und wie schön muss Frau 50+ sein, um Erfolg in der Liebe zu haben?

Professor Mang: Die Zeiten haben sich gewandelt. Unser Aussehen spielt eine immer größere Rolle. Ein entspanntes Gesicht und ein wohlgeformter Körper strahlen Vitalität und Gesundheit aus. Diese Lebendigkeit wirkt sehr anziehend. Gerade bei Frauen 50+ sehen wir einen großen Zulauf an Schönheitsbehandlungen. Die Frauen möchten einfach nochmals durchstarten und nicht zum alten Eisen gehören. Ich sehe in meiner Sprechstunde oft, dass Frauen 50+ jüngere Partner haben.

Müssen Frauen 50+ perfekt sein?

Nicht perfekt, aber attraktiv, erotisch und vital. Das ist auch das Zauberwort für Glück. Frauen dieses Alters suchen einen interessanten und ebenso vitalen Partner.

Warum ist es für die Liebe eigentlich nicht egal, wie wir aussehen? Kommt es nicht auf die inneren Werte an?

Natürlich sind Intelligenz, innere Werte und Ausstrahlung ein wichtiger Faktor für eine glückliche Beziehung. Aber wenn man sehr viel älter aussieht, als man sich eigentlich fühlt, bleibt zumindest eine *neue* Liebe auf der Strecke. Anders ist es, wenn Frauen 50+ in einer langen Ehe leben. Dann hat man sich zusammen verändert. Aber zu mir kommen meistens Singles in diesem Alter.

Was bedeutet Beauty mit 50 und mehr Jahren? Wie ist sie definiert?

Beauty definiert sich einmal durch die Vitalität im Gesicht. Eine sympathische, entspannte Lebendigkeit macht jede Frau schön. Schönheit muss zeitlos und sollte nicht übertrieben sein. Also keine Botox-Gesichter oder aufgespritzte Lippen. Oder zu viel Facelift. Das ist lächerlich. Es gibt heute neue Methoden, um die Frauen mit 50 wieder so attraktiv zu machen wie mit 40. Das ist der Schlüssel zum Erfolg – für das eigene Wohlbefinden und das Glück in der Liebe.

Und welche Faktoren stehen der Schönheit, gerade auch mit 50+, entgegen?

Schönheitskiller Nummer eins ist das Übergewicht. Zu viele Kilos verleihen eine unbewegliche Ausstrahlung, sie nehmen die Energie und Lebendigkeit. Übergewichtige Männer und Frauen wirken häufig viel älter, als sie sind – und vor allem sehen sie viel älter aus, als sie sich fühlen. Aber in erster Linie ist Übergewicht nicht gesund. Und was nicht gesund ist, kann auch dem Aussehen und der Attraktivität nicht gut bekommen.

Was macht Frauen jetzt in dieser Zeitphase schön?

Frauen in dieser Zeitphase sind interessant, weil sie schon viel Erfahrung in der Liebe haben. Deswegen stehen auch manchmal jüngere Männer auf Frauen dieses Alters. Ein jüngerer Mann kann auch der Frau mit 50 vitale Impulse geben. Deswegen herrscht bei diesen Frauen ein Schönheitsboom.

Sind schöne Frauen glücklicher in der Liebe?

Wenn man mit seinem Körper und seinem Aussehen nicht zufrieden ist, dann strahlt man diese Unzufriedenheit auch auf seinen Partner aus. Schön und vital, das ist angesagt. Frauen, die sich selbst gut leiden mögen, wenn sie in den Spiegel schauen, sind selbstbewusster in der Liebe. Das ist wohl das Geheimnis ihres Glücks.

Haben schöne Frauen mehr Erfolg bei Männern?

Absolut. Wenn Schönheit noch gepaart ist mit Klugheit, Charme und Sportlichkeit, dann ist es perfekt.

Was sagen Sie Patientinnen, die korrigierende Eingriffe wünschen, weil sie glauben, damit noch einmal der großen Liebe zu begegnen?

Ich habe täglich Patientinnen in meiner Sprechstunde, die ein neues Leben beginnen wollen, nachdem sie vielleicht den Tod des Partners oder eine Scheidung hinter sich haben. Als guter Schönheitschirurg muss man nicht nur gut ausgebildet, sondern auch Künstler und Psychologe sein. Deswegen nehme ich mir Zeit für die Gespräche mit den Patientinnen. Das ist wegweisend für das spätere Leben dieser Frauen. Dann empfehle ich vernünftige Eingriffe, damit sie nachher nicht operiert, sondern vital und gesund aussehen. Ich habe schon Dankesbriefe von Patientinnen bekommen, die sich neu verliebt haben. Selbst zu Hochzeiten wurde ich eingeladen.

Was genau lieben Männer an Frauen 50+?

Die Männer lieben die Erfahrung. Die Frauen in diesem Alter stehen mit beiden Beinen in der Welt. Sie wissen, was sie wollen, und sind selbstständig. Das macht die Partnerschaft und Liebe interessant. Unter diesen Voraussetzungen sind die zweiten Ehen oft glücklicher als die ersten.

Wie beurteilen Sie männliche Lebenspartner, die übersteigerte Erwartungen an das äußere Erscheinungsbild ihrer eigenen Frau oder auch an Frauen im Allgemeinen haben?

Jegliche Schönheitsbehandlung oder -operation sollte man für sich selbst machen. Man muss sich wohlfühlen und zufrieden sein. Wenn jemand mit einer schrumpeligen Haut und einer nicht sportlichen Figur zufrieden ist, dann ist das auch in Ordnung. Wenn man sich aber mit 50+ noch neu verlieben will, dann sollte man sich pflegen und auf die Ausstrahlung von Gesicht und Körper achten. Mit Lebenspartnern, die übersteigerte Erwartungen an den Partner haben, geht die Partnerschaft sowieso schief.

Wie begegnen Sie Männern in Ihrer Klinik, die ihre Frauen zu Ihnen schicken, am besten noch mit einer Wunschliste der zu korrigierenden »Schönheitsfehler«?

Manchmal kommen Ehepaare zu mir, bei denen der Mann eine »Rundumerneuerung« der Frau wünscht. Diese Frauen tun mir leid. Die Männer kommen teilweise mit Bildern aus dem Playboy und haben Sonderwünsche für ihre Frauen zum Bodycontouring wie Facelift, Fettabsaugung, Bruststraffung oder Brustvergrößerung. Hier muss ich als seriöser Schönheitschirurg eingreifen und ein separates Gespräch mit der Frau führen, ob sie diese Behandlungen auch persönlich wünscht.

Und was sagen Sie den Männern?

Gelegentlich weise ich auch den Mann darauf hin – wenn er übersteigerte Anforderungen an seine Frau stellt –, dass er sich vielleicht auch bemühen sollte, seinen Wohlstandsbauch in Ordnung zu bringen. Meist schauen die Frauen ja besser aus als ihre Männer, die diese Wünsche haben. Es ist nicht mehr ungewöhnlich, dass heute Männer ihren Frauen zu Weihnachten Gutscheine für eine Schönheitsoperation schenken. Das ist völlig absurd. Jeder muss selbst entscheiden, ob er eine Behandlung wünscht oder nicht.

Stimmt es eigentlich, dass sich jeder Mann ab 50 eine jüngere Frau als Partnerin wünscht?

Nicht nur Männer ab 50 wünschen sich jüngere Frauen, auch die Frauen wollen junge Partner. Aufgrund meiner 30-jährigen Tätigkeit als Schönheitschirurg sehe ich, dass Frauen nach dem Klimakterium einen Altersschub bekommen und dann oft in ein tiefes Tal fallen können. Man kann mit sanften Methoden Frauen mit Mitte 50 genauso attraktiv machen wie eine Frau, die Anfang 40 ist. Gleichwohl bin ich der Meinung, dass man die Frauen nicht so stark verändern sollte. Wenn sie zehn bis 15 Jahre jünger erscheinen, wirken sie vitaler und das wiederum überträgt sich auch auf ihr Lebensgefühl. Damit habe ich auch schon viele Ehen gerettet, weil der Ehemann seine Frau wieder so attraktiv und vor allem so zufrieden mit sich selbst erlebt hat, wie er sie einmal kennengelernt hat. Auch durch Training kann die Kondition und somit das Aussehen verbessert werden. Unsere Erscheinung und unser seelisches Gleichgewicht korrespondieren miteinander, beides gehört zusammen. Darin liegt auch der Wert einer sanften, vernünftigen Korrektur.

Müssen Frauen 50+ jüngere Frauen als Konkurrenz fürchten?

Natürlich. Das war immer schon so. Allein die Biologie stellt ein Problem dar. Ich finde das ungerecht. Ein Mann kann sich bis zu seinem Tod fortpflanzen, eine Frau jedoch nicht. Schon in der Antike galten Schönheit und Jugendlichkeit als Ideal. Daran hat sich nicht viel geändert.

Was macht Schönheit, ein gutes Aussehen, mit uns?

Es gibt wissenschaftliche Untersuchungen, dass schöne und gepflegte Menschen privat und beruflich erfolgreicher sind. Das ist eine Tatsache. Auch haben Untersuchungen gezeigt, dass Männer, die groß, schlank und gepflegt sind sowie keine Tränensäcke und Schlupflider haben, beruflich erfolgreicher sind und in die Vorstandsetagen aufrücken. Schon in der Schule werden hübsche, blonde Mädchen bevorzugt. Junge und schöne Menschen haben es leichter. Wenn dies gepaart ist mit Ausstrahlung, Witz, Humor und Intelligenz, ist das der Idealfall. Ich erlebe das in meiner Klinik, wenn ich Briefe von Patienten bekomme, die ich operiert habe, zum Beispiel ihre Höckerlangnase oder ein fliehendes Kinn. Sie sind nach der Operation glücklich und zufrieden. Viele schreiben mir, dass sie nach langer Zeit endlich einen Partner gefunden haben. Seine Makel auszusitzen ist vorbei. Mängel kann man heute durch Schönheitsoperationen beseitigen, um einen Menschen glücklich und zufrieden zu machen.

6

Fishing for Mr. Right

Den richtigen Mann FISCHEN. Jetzt mit 50+! Allein die Vorstellung zaubert uns ein Lachen ins Gesicht. Ja, das Projekt Mann wird uns nun richtig Spaß machen! Krampfhaft jemanden suchen, nein, das darf es nicht sein. Auch die Liebe JETZT ist ja zunächst immer noch ein SPIEL. Und wie bei jeder anderen Partie, wo das Ergebnis offen ist, können wir gewinnen oder verlieren. Nur haben wir nun eine andere Haltung dazu. Es wird uns – zuerst einmal – vollkommen egal sein, ob uns eine Begegnung den Richtigen bringt oder doch nur wieder Mr. Wrong sein Glück bei uns versucht. In beiden Fällen sind wir die SIEGERIN. Entweder weil wir mit einem Mr. Right den Himmel auf Erden haben werden – oder weil wir froh sind, dass »der Krug« an uns vorbeigegangen ist, weil ER weit davon entfernt war, ein Mr. Perfect zu sein. Es kommt, wie es kommt. DAS ist unser Standpunkt mit 50+. Damit kann uns in der Liebe kaum noch etwas passieren.

Außerdem machen wir Schluss mit falschen Erwartungen, Hoffnungen oder der Sorge, enttäuscht zu werden. Nein, das brauchen wir heute nicht mehr. Wir wissen jetzt sehr genau, was geht und was nicht mehr geht. Wir können sehr viel besser einschätzen, was albern ist, was sein kann oder was sein muss. In eine Liebesfalle werden wir so schnell nicht mehr hineintapsen. Wir sind gut gerüstet für ein neues Glück, denn wir sind hellhörig für die leisen, feinen Töne. Sie können uns vor Unbill warnen oder uns zeigen, dass wir mit unserer Wahl goldrichtig liegen. Wir sind sehr aufmerksam, wenn ein Mann sich in unsere Richtung aufmacht. Ja, wir wollen wieder daten, aber nach neuen Spielregeln, die wir aufstellen.

Wir ziehen NEUE SAITEN auf!

Mrs. Couch-Potato sieht tolle Männer nur im Fernsehen. Aber wir wollen ja einen Mr. Right in ECHT! Also, liebe Ladys, runter vom Sofa und hinein ins pralle Geschehen. Sehen und gesehen werden – das ist das A und O, wenn wir den Richtigen treffen wollen. Anders geht es leider nicht. Es sei denn, es reicht einer Frau, nach dem Laptop zu greifen und mit dem Kissen im Rücken im Internet nach dem passenden Partner zu surfen. Das ist eine Möglichkeit, ja, aber nicht die einzige! Wenn wir ehrlich sind, passt dieser Weg auch nicht wirklich zu unserer ENERGIE. Kein Mausklick ersetzt den Zauber einer persönlichen Begegnung. »Weiß du noch, als wir uns das erste Mal getroffen haben ...?« Jahrzehnte später erinnern sich Liebespartner gern an diesen einen, vollkommen unerwarteten, fast mystischen Augenblick. Aber wie prickelnd kann das sein, wenn wir dafür einen Cursor benutzen? Wie romantisch ist es, die Seite einer Partnervermittlung aufzuschlagen? Was jetzt hilft, sind die folgenden Fishing-Faktoren, die wir nutzen können, um unserem Ziel näher zu kommen: einen möglichen Mr. Right treffen und entscheiden, ob er in die engere Auswahl kommt.

 Fishing-Faktor: Nicht Männer googeln, sondern selbst gucken

Wir Frauen 50+ stehen mitten im Leben. Gehen wir hinaus und schauen wir uns um. Es gibt so viele Gelegenheiten, noch einmal das ganz große Los zu ziehen: Sport machen, in einer Bar bis nach Mitternacht richtig Spaß haben, mit einem Hund spazieren gehen, Freunde treffen, soziale Engagements, Kurse belegen, Studienreisen, ein Wochenendtrip nach London, Paris oder in den Schwarzwald, neue Bekanntschaften schließen usw. Dabei denken wir nicht an einen neuen Mann. Wir fokussieren uns nicht auf die verzweifelte Suche nach IHM. Nein, wir leben unsere Interessen und hegen und pflegen unser soziales Umfeld. Das ist die Basis, auf der wir Mr. Right sehr gut kennenlernen und sehr entspannt gegenübertreten können.

Fishing-Faktor: Mehrere Dates vereinbaren und den neuen Mann richtig kennenlernen

Wir träumen nicht mehr von der Liebe auf den ersten Blick. Ja, es gibt sie. Natürlich. Aber eher wenn man 15 ist. Oder im Kino oder im Roman. Da kommt es vor. Aber bei uns? Sich nur einmal anschauen und im Nu hin und weg sein? Klar kann das passieren. Der Blitz schlägt immer dort ein, wo man es gerade nicht erwartet. Ausgeschlossen ist das nicht – aber es ist nicht die Regel. Im Gegenteil: Auf den *ersten* Blick nehmen wir heute mit 50+ sehr viel häufiger wahr, dass da jemand auf GAR KEI-NEN FALL für uns infrage kommt. Vielleicht als Begleiter fürs Theater oder Restaurant. Doch für tiefe Gefühle? Etwa Sex? Vielleicht sogar zusammenleben? Mit DEM? Oh, bitte nicht! Ich wette: So reagieren sehr viele Frauen heute bei dem ein oder anderen Mann, der ihre Wege kreuzt.

ABER: Die schnelle Abwehr kann ein Fehler sein. Nach einem Mr. Right fischen, heißt auch: Mr. Right eine Chance zu geben. Nicht gleich die Flinte ins Korn werfen, weil der erste Eindruck zu wenig Traummann-Potenzial verspricht. Die Liebe auf den zweiten oder fünften Blick ist ebenso eine Option, vielleicht sogar die bessere.

 Fishing-Faktor: Wählerisch sein – und es zeigen

Vergessen können wir auch den Dating-Tipp unserer Mütter und Großmütter: »Die Männer zappeln lassen.« Das ist heute OUT. Und mit 50+ gleich aus mehreren Gründen. Sich zieren wie die heilige Jungfrau, das passt nicht zu uns Girls 50+. Und wir müssen auch niemandem beweisen, dass wir keine leichten Mädchen sind. Wir sind frei heute. Wir machen, was WIR wollen. Wer von uns hat schon vor, sich einem Mann an den Hals zu werfen? Er wird schon merken, dass es nicht so fix mit uns geht. Und in uns selbst ist eine vorsichtige Distanz, wenn sich ein Flirt mit einem Fremden entspinnt. Nein, wir lassen niemanden zappeln, wir wollen ja keinen Hampelmann. Doch wir lieben mit Bedacht: *wait and see.*

Selbstverständlich schadet es nicht, wenn Mr. Right weiß, dass er nicht der Einzige ist, der uns gut findet. Kein Mann 50+

will eine Frau, die ihn jagt und ihm hinterherläuft, weil sie bei keinem anderen landen kann. Und keine Frau 50+ will einen Mann, den sie nach allen Regeln der Kunst erst rumkriegen muss, weil er gerade jetzt eine Beziehung gar nicht will. Dem Mann, der uns wirklich begeistert, signalisieren wir: Vielleicht kriegst du mich, aber du musst dich anstrengen. Mit Augenmaß »schwer erreichbar« zu sein – und zwar bei dem Richtigen –, das ist die Devise, nach der es heute geht.

 Fishing-Faktor: Eine neue Begegnung nicht mit Erwartungen überfrachten

Ein Date ist kein Ultimatum. Es geht nicht um alles oder nichts, wenn wir eine Verabredung mit einem neuen Mann haben. Man trifft sich auf ein Glas Wein und auf ein Gespräch, das hoffentlich anregend ist. Bloß nicht gleich ein opulentes Essen am ersten Abend oder sechs Stunden in die Oper. Es ist viel zu früh, um das ganz große Rad zu schlagen. Wir wissen nichts von ihm – und er weiß nichts von uns. Deswegen ist es sinnvoll, nicht zu viel an Erwartung unsererseits und Absichten seinerseits in dieses Stelldichein hineinzugeheimnissen. In ein Date 50+ gehen wir mit einer sehr gelassenen Haltung. Es MUSS nichts aus diesem Rendezvous werden, aber es KANN. Je lockerer wir es angehen, desto leichter entwickelt sich etwas richtig Gutes. Je ungezwungener wir ihm gegenübersitzen, desto interessanter sind wir und umso weniger enttäuscht, wenn er sich als Langweiler oder Windhund erweist.

Ein Date ist ein Date ist ein Date … Nicht mehr und nicht weniger.

 Fishing-Faktor: Nicht an einen einzigen Mann klammern

Männer kommen und gehen – das nehmen wir mit 50+ in der Kennenlernphase ganz WÖRTLICH. Eigentlich war das ja immer der Satz, mit dem wir unsere Freundinnen trösteten, wenn mal wieder einer über alle Berge gegangen war und sie Rotz und Wasser heulten. Heute aber hat dieser Satz eine andere Dimension.

Unser Blick auf Männer ist anders. Mit 50+ haben wir die kostbarste Zeit unseres Lebens. Und mit keiner einzigen mühsamen Begegnung wollen wir sie beschweren oder gar zerstören. Wir haben uns vorgenommen, unsere Jahre jetzt gut und glücklich zu gestalten. Bevor wir dabei auf den falschen Kameraden setzen, lassen wir ihn lieber ziehen. Heute wissen wir, dass es nicht nur EINEN Mann auf dieser Welt gibt, sondern viele. Sehr viele. Diese Erkenntnis wollen wir nicht nur ausstrahlen. Nein, wir LEBEN sie. Wir treffen nicht nur einen. Wir gucken auch, ob es nicht noch Alternativen gibt. Wer sagt denn, dass Mr. Right immer der erste Treffer sein muss …

 Fishing-Faktor: Keine Minute mit aussichtslosen Verliebtheiten vertrödeln

Wenn er nicht will, dann will er nicht. Ja, diese Einsicht ist auch heute nicht immer leicht zu schlucken. Da ist jemand, der uns beeindruckt hat, aber er zeigt kein Interesse an uns. Vielleicht nur ein bisschen, womit er dann Hoffnungen schürt. Er flirtet mal mehr, mal weniger, aber letztlich nur mit angezogener Handbremse. In einem solchen Fall müssen wir erkennen: Es ist vergebene Liebesmüh. Und bevor wir uns lächerlich machen oder sich ein Gefühl verfestigt, das auf ewig unerfüllt bleibt, vergessen wir diesen Mann bitte ganz schnell. »Wer nicht will, der hat schon«, sagten unsere Mütter. Oder: »Reisende soll man nicht aufhalten.« Gemeint ist: Man kann keinen Mann auf der Welt zu seinem Glück zwingen. Und er ist schön blöd, wenn er so etwas wie uns in den Wind schlägt. *So what?* Mit 50+ ist uns die Zeit zu schade, um sie in eine verkehrte Hoffnung zu investieren. Akzeptieren, was möglich ist, und hinnehmen ohne Bitterkeit, was nicht geht. Das ist jetzt unsere Einstellung zum Neubeginn in der Liebe 50+.

Wir sind jetzt WIR

Damit, liebe Ladys 50+, sind Sie gut gerüstet, wenn Sie sich auf den Weg zu Mr. Right machen. Aber es sind Basics – und sie allein reichen nicht aus, dem großen Glück JETZT zu begegnen.

Es ist ein Geschenk für unsere Generation, in der Liebe noch einmal beginnen zu dürfen. Aber ob eine Beziehung wirklich zustande kommt und uns erfüllt, hängt sehr davon ab, mit welcher Einstellung wir die Sache angehen. Der Ausgang einer Begegnung ist immer ungewiss. Daher ist die Herausforderung, einen neuen Herzens-Prinzen in unser Leben zu lassen, groß. Was wir brauchen, sind Mut und Selbstbewusstsein. Wir dürfen uns nicht einschüchtern lassen. Es sind ja genug Pessimisten unterwegs, die ganz offensichtlich jedes romantische Gefühl 50+ im Keim ersticken wollen.

Zumindest klingt es so, wenn sich – zumeist männliche – Partnerschaftsexperten über unsere Liebeschancen auf fast herablassende Weise äußern. Wenn es nach ihnen geht, ist Liebe 50+ für uns Frauen eine einzige Negativbilanz. Ihre Botschaft an uns: Ihr kriegt keinen Kerl mehr ab, weil viel zu alt. Die Lage der Männer hingegen schildern sie paradiesisch: Sie haben die ganz große Auswahl aus vielen, zumeist jüngeren Partnerinnen. So lesen wir es immer wieder. Wenn man das für bare Münze nehmen will, kann einem schlicht die Lust auf Männer in unserem Alter vergehen.

Wer bitte mag das noch hören? Immer dieselben Sätze: »Es ist schwer für die Frau 50+«, »Es ist viel Arbeit«, »Mit 60 ist eine neue Liebe für Frauen so gut wie unmöglich«, »Die Männer wollen nur Jüngere«, »Sie reagieren gar nicht, wenn eine Frau älter als 50 ist«, »Die Frauen müssen viel Geduld haben und viel ausprobieren«. So oder ähnlich klingen die Prognosen bezüglich einer Beziehung für unsere Lebensphase.

ABER: Das alles stimmt so pauschal einfach nicht. Es gibt genug Gegenbeispiele. Nicht jeder Mann 50+ will ein junges Ding oder eine Frau, die mindestens zehn Jahre jünger ist. Außerdem müssen wir gar nichts, außer GLÜCKLICH sein!

Wir sind immer das, was wir DENKEN. Wenn wir Lust auf eine neue Liebe haben, lassen wir dieses Gefühl zu. Wer sich eine schöne Beziehung vorstellt, strahlt Verliebtheit aus. Und die Frau, die *in love* ist, zieht Mr. Right automatisch an. Auch jetzt mit 50, 60, 70 Jahren. Wir dürfen unsere Chancen auf eine tolle späte Partnerschaft nicht kleinreden lassen oder selbst auf ein Minimum zurückstutzen. Ein mutloser Blick, Kummer, tief ins Gesicht gegraben, strenge Mundwinkel – und das alles nur, weil gerade kein passender Mann in Sicht ist? Bitte nicht, das sind die falschen Signale. Wer soll sich in uns verlieben, wenn wir wie ein Trauerkloß daherkommen?

Und überhaupt: Warum sollten wir allen Ernstes mit einer Sehnsucht abschließen, nur weil irgendwelche Experten dürftige Chancen für uns ausgemacht haben wollen? Beim Thema Liebe bleiben wir bitte entspannt. Denn die Beziehungen zwischen MANN und FRAU sind individuell. Keine Studie, keine Erhebung kann prognostizieren, was zwischen zwei Menschen, die aufeinandertreffen, passieren wird.

Wir lassen uns nicht beirren, nur weil es mit Mr. Right gerade nicht klappt. Wir werden die Liebesuhr trotzdem auf ANFANG stellen – nur unter sehr viel besseren Vorzeichen. Wir haben mehr Erfahrung. Wir wissen mehr über die Männer und über uns selbst. Eigentlich kann da nichts schiefgehen. Noch nicht ganz klar ist: Wie stellen wir es konkret an? Was können wir tun, damit wir Mr. Right auch wirklich begegnen, um mit ihm eine tolle Beziehung aufzubauen?

Es gibt Anleitungen, wie Frauen 50+ noch einmal zu einem neuen Glück kommen. Fast alle münden in der Empfehlung, doch bitte im Internet auf die Pirsch zu gehen. Kein Beziehungsexperte, der nicht mit dem Zauberwort »Online-Partnervermittlung« um die Ecke kommt. Da schickt man uns hin. Wie kleine Kinder auf den Spielplatz, auf dem man seinen Spielkameraden schon finden wird. Und es wird auch so erklärt: Das Internet ist DER neue Markt, auf dem man sich kennenlernt. Was früher Tanzschule, Disco, Party, die Pizzeria, der Sportverein etc. war, soll jetzt der virtuelle Raum sein. Hier sollen wir uns melden, uns vorstellen und dabei unbedingt EHRLICH bleiben – und suchen und warten. Und schön geduldig sein.

Zwei Artikel weiter müssen wir lesen, dass die Männer auf Frauen ab 50 kaum bis gar nicht reagieren. Und ab 60 sei es sowieso ganz aus. Auf das »Profil Sixty« klickt angeblich gar keiner mehr. Na super, was kann man denn mit diesen Ratschlägen anfangen? Mit Tipps, die angeblich nichts bringen. Erstaunlich, wie sich die Fachleute in ihren eigenen Widersprüchen verheddern. Erfreulich daran ist nur, dass es uns deutlich macht: Wir müssen nicht alles ernst nehmen, was man uns als Weisheit über die Liebe 50+ verkaufen will.

Gibt es überhaupt DIE richtige Strategie, mit der wir Mr. Right erwischen können und er uns sicher ins Netz geht? Nun, das Geheimnis der Liebe in unserer Lebensphase ist: Es gibt kein Konzept. Wir können noch so überzeugende Überlegungen anstellen, wo wir wann und wie einen großartigen Mann treffen mögen. Wir können Purzelbäume schlagen, um für uns zu werben und seine Aufmerksamkeit zu erregen. Aber das alles nützt nichts, weil Liebe JETZT einem ganz anderen Muster folgt.

»Liebe ist ein Kind der Freiheit«, so sagt es ein französisches Sprichwort. Nie war das wahrer als heute. Und zwar für beide Seiten. Frauen wie Männer wollen sich FREI füreinander entscheiden. Und viele wollen diese späte Liebe auch freier leben. Wenn also das *Fishing for Mr. Right* erfolgreich sein soll, müssten wir uns – als Erstes – diesen »freien Raum« auch geben. Fangen wir gleich damit an: bei uns selbst!

Machen wir uns also zunächst unabhängig von einer Idealvorstellung, die Männer im Allgemeinen von Frauen haben. Oder die wir vielleicht selbst von uns meinen, haben zu müssen, um jemandem zu gefallen. Nein, einer imaginären Liebe quasi vorauseilend schmeicheln zu wollen, das möchten wir heute nicht mehr. Außerdem wissen wir ja gar nicht, WAS diesem Menschen gefällt. Mr. Right ist ja – noch – ein unbekanntes Wesen. Wie er sich seine Traumfrau vorstellt, ist für uns ein Mysterium. Außerdem ist die Frage ja nicht, ob wir IHM gefallen. Unsere vordringliche Frage heute lautet: Gefallen wir uns selbst? Bitte nie vergessen: Nicht Mr. Right erwählt UNS. Nein, WIR wählen IHN.

Fishing-Faktor: Unsere Ausstrahlung, die sagt: Ich fühle mich gut, ich bin gut so, wie ich bin

Der Schlüssel zu Mr. Right sind allein wir mit unserer Ausstrahlung. Die Zeiten, in denen wir einem Mann auf Teufel komm raus gefallen wollten oder ihn angehimmelt haben, sind mit 50+ vorbei. Wir achten Mr. Right. Wir können uns in ihn verlieben. Aber vor diesem Gefühl steht ein gutes Bewusstsein für das, was UNS ausmacht. Wir wissen heute, wie wertvoll wir sind. Jede Frau 50+ für sich. Wir stehen zu uns – mit unseren vielen positiven Eigenschaften und mit allem, was wir auch gern noch optimieren können. Aber wir akzeptieren, dass niemand perfekt ist – und WIR wollen es auch nicht sein. Vielleicht ist das unser fettester Köder beim Fang von Mr. Right: Unsere neue Freiheit, selbstbewusst statt scheu zu sein. Wir können jetzt endlich so sein, wie wir wirklich SIND. Nichts macht Frauen attraktiver als ein natürliches gutes Gefühl für sich selbst.

Mr. Right, WIR zeigen es DIR

Es gibt Frauen, die erfolgreicher sind in der Liebe – und diejenigen, die eher auch mal im Trüben fischen. Was machen diejenigen, die glücklich mit einer neuen Liebe 50+ leben, BESSER? Sie haben offenbar eine vielversprechendere Haltung zu den Dingen, weil sie gelassen sind. Sie signalisieren ein hohes Maß an persönlicher Unabhängigkeit. Ja, davon können wir alle lernen. Es ist die höchste Form der Schönheit und das größte Attraktivitätsmerkmal, das wir haben können: SELBSTSTÄNDIG BLEIBEN. Das ist DIE Position, auf der wir alle Chancen haben, einen möglichen Mr. Right an uns zu ziehen. Und es garantiert die Freiheit, die eine Liebe wie die Luft zum Atmen braucht.

Fishing-Faktor: Unabhängig sein – und sich auch jetzt nicht von einem Mann abhängig machen

Es gibt Eigenschaften, die nach aller Lebenserfahrung unseren Wert auf dem Liebesmarkt steigen lassen:

- *Fest mit beiden Beinen im Leben stehen: Das verleiht jeder Frau eine eigene unabhängige Stärke.*
- *Charme und ein zugängliches Wesen: Ein lächelndes Gesicht, ein verträglicher Charakter und eine optimistische Sicht auf das Leben wecken Sympathien. Damit umgibt man(n) sich gern.*
- *Ein selbst erfahrenes Wissen, wie das Leben läuft mit allen seinen Höhen und Tiefen: Wer viel erlebt hat, wer intelligent und lebensklug ist, wirkt auch lebendig.*
- *Wärme und Hingabe: Selbst viel von sich erzählen und auch zuhören können, wenn der andere spricht. Mr. Right will eine Frau, die Gefühle zeigt und mit der er sich unterhalten kann – also eine echte Seelengefährtin.*

Wer alle diese Eigenschaften hat, kann DIE *Trophy-Woman* 50+ sein!

Nicht Mäuschen spielen, sondern erwachsene Frau sein. Sich nicht unterbuttern lassen, sondern als Partnerin auf Augenhöhe auftreten. Wer diese Dating-Kompetenzen offensiv einsetzt, erlebt häufig das größte Glück in der Liebe 50+. Das bedeutet: Gehen wir natürlich und selbstsicher auf einen Mann zu. Fühlen wir uns verantwortlich für uns selbst. Achten wir darauf, dass wir unser eigenes Geld haben – und am besten einen eigenen Beruf. Haben wir ein gutes Einfühlungsvermögen und seien wir ein lebhafter Gesprächspartner. Mit dieser Haltung schaffen wir ein Biotop, in dem etwas unbeschwert wachsen kann: MEIN Gefühl, SEIN Gefühl, UNSERE LIEBE.

 Fishing-Faktor: Der Optimismus, dass jede Begegnung eine schöne, neue Erfahrung sein kann

Hinderlich beim Fischen nach Mr. Right ist es dagegen, wenn wir in die erste Begegnung mutlos und innerlich zu kritisch hineingehen. Wenn wir alte Erfahrungen einfließen lassen, die nicht so positiv waren. »Ach, mal sehen, mit dem wird es sowieso nichts.« Oder: »Ich glaube, ich bin keine Frau, die Glück mit Männern hat.« Oder: »Ich mache sowieso alles falsch in der Liebe – das war schon immer so.«

Psychologen bezeichnen eine solche innere Einstellung als »negative Erwartungshaltung«. Und die zieht schlechte Erfahrungen geradezu an. Also ist es wichtig, mit positiven Erwartungen an die Sache heranzugehen. Und das können wir trainieren. Wenn ein Date ansteht, stimmen wir uns optimistisch auf diese Begegnung ein: »Ich freue mich auf unser Gespräch.« Oder: »Ich bin gespannt zu erleben, ob wir uns verstehen.« Oder: »Ich bin sicher, dass wir einen netten Abend haben.« Oder auch: »Schön, diesen Mann kennenzulernen, mal sehen, ob er passt.«

Unser Credo lautet: »Wir lassen uns nicht entmutigen.« Es ist ein Geschenk, einen Menschen zu finden, mit dem wir es gut aushalten können. Dieser Sehnsucht geben wir jetzt großzügig Raum und denken das Beste. Enttäuschungen nach den alten Mustern haben jetzt, mit 50+, bei uns keinen Platz mehr.

Noch mal in wenigen Worten: Auf dem Weg zu Mr. Right ziehen wir neue Saiten auf. Wir machen uns frei von falschen Erwartungen, Hoffnungen, Wünschen. Wir konzentrieren uns auf uns selbst. Wir machen uns bewusst, wie wertvoll wir selbst sind. Wir strahlen aus, dass wir uns gut fühlen. Wir legen unsere Schüchternheit und falsche Bescheidenheit ab. Wir genießen die neue Freiheit, heute selbstbewusst zu sein. Wir sind wählerisch – und wir zeigen es. Wir gehen fest davon aus, noch einmal ein großes Glück zu finden. Aber wir bewerten die Begegnung beim ersten Date nicht mehr über.

So sieht es der Diplom-Psychologe Dr. Wolfgang Krüger

Dr. Krüger ist Autor des Buchs »So gelingt die Liebe, auch wenn der Partner nicht perfekt ist« (Books on Demand, 2017)

Claudia Hagge: Ein neues Glück in der Liebe mit 50+ – wie groß ist die Chance für Frauen, es jetzt zu finden?

Doktor Krüger: Diese Chance ist groß – vor allem, weil jetzt Frauen wissen, was sie wollen. Und sie kennen die Männer –

hoffentlich! Zwar gibt es die Aussage, dass Frauen jenseits der Lebensmitte eher einen Tiger im Urwald treffen als einen vernünftigen Mann. Und oft kann man den Eindruck haben, dass die Männer in diesem Alter entweder krank, resigniert oder bereits vergeben sind. Aber Tatsache ist: Die Suche nach einem Partner ist in jeder Lebensphase schwierig. Mit 50+ hat man zumindest viel Lebenserfahrung.

Warum sind viele Frauen in dieser Phase ohne feste Partnerschaft?

Nach der Lebensmitte trennen sich viele Frauen, weil sie zu dem Ergebnis kommen, dass sie in der Partnerschaft letztlich draufzahlen. Und sie trennen sich vor allem dann, wenn die Kinder selbstständig werden. Oft genießen sie die dann gewonnene Freiheit und haben nicht immer den Mut, eine neue Partnerschaft zu beginnen. Sie wissen, dass sie dann nicht nur länger suchen müssen, sie müssten sich auch in einer neuen Beziehung besser durchsetzen, mehr reden. Kurz gesagt: Es würde anstrengend.

Warum bleiben immer noch sehr viele Frauen in ihrer unglücklichen Ehe oder Lebensgemeinschaft?

Meist leben Frauen nicht in der ersten Beziehung. Sie wissen, dass auch die Liebesbeziehungen der Freundinnen kaum besser sind. Also erträgt man vieles, weil man nicht allein sein will. Zudem wurde man schon als kleines Mädchen eher zur Anpassung erzogen. Also begehrt man zwar gelegentlich auf, aber dann versöhnt man sich mit dem schwierigen Partner und nimmt, was man hat.

Warum lösen sie sich nicht, obwohl sie sich eine andere Beziehung wünschen?

Frauen ahnen, dass der Schlüssel für eine bessere Beziehung in ihnen selbst liegt. Vielleicht müssten sie sich einen neuen Partner suchen. Aber vor allem müssten sie erheblich selbstbewusster, eigenständiger und konfliktfähiger werden. Sie müssten zunächst eine Partnerschaft mit sich selbst eingehen, die eigenen Wünsche ernst nehmen, ihre Ziele beharrlich verfolgen. Deshalb wäre das Lebensmotto für sie: Jetzt bin ich dran.

Warum ist es so schwierig, in der Zeitphase 50+ noch einmal einen Mann zu treffen, mit dem Liebe pures Glück bedeutet?

Pures Glück erleben wir in der Liebe immer nur drei Monate lang. Und mit 50+ sind auch die Männer vom Leben erschöpft. Sie haben nicht mehr die Kraft, Neues auszuprobieren. Es ist selten, dass Männer die Bereitschaft und Energie haben, sich wirklich auf das Abenteuer Liebe einzulassen. Aber solche Männer gibt es ...

Sind Frauen 50+ vielleicht »selbst schuld«, dass in der Liebe nichts mehr geht?

Liebe ist immer schwierig: Wir sollten für die eigenen Interessen selbstbewusst kämpfen und gleichzeitig die Gefühle des Partners sehen, ihm Anerkennung geben, ihn lieben. Das können wir nur, wenn wir stark und unabhängig sind.

Was können die Verhaltensweisen oder Gegebenheiten sein, mit denen Frau 50+ einen potenziellen oder tatsächlichen neuen Partner garantiert in die Flucht schlägt?

Das Hauptproblem besteht darin, dass Frauen oft sehr viel reden und den Mann ändern wollen. Doch 90 Prozent der Männer sagen energisch, dass sie sich nicht ändern lassen. Hier hilft nur das Prinzip der indirekten Veränderung. Man muss lernen, wie man sich selbst immer das Wichtigste bleibt. Männer bemühen sich in der Liebe, wenn Frau selbstständig bleibt, wenn sie wissen, dass sie sich um ihre Partnerin bemühen müssen.

Welche Fehler machen Frauen, wenn sie den richtigen Mann einfach nicht bekommen?

Frauen resignieren oft zu schnell. Wir wissen: Man muss 300 Männer zumindest flüchtig sehen, bevor einer dabei ist, der zu uns passen könnte. Das gelingt meist nur, wenn man ein Jahr lang sehr beharrlich und intensiv im Internet sucht, auf große Einladungen geht. Man muss aus der Suche ein aktives Projekt machen und dann selbstbewusst-entspannt abwarten.

Warum haben einige Männer, es sind ja nicht alle, überhaupt Vorbehalte oder Desinteresse, wenn es um Frauen geht, die über 50 sind?

Vor allem ältere Männer sind gern mit Frauen zusammen, die 15 Jahre jünger sind. Sie wollen von jugendlichen Frauen belebt und bewundert werden. Es gehört eine gewisse Lebensreife dazu, sich auf Frauen einzulassen, die ähnlich alt sind. Diese verfügen über viele Erfahrungen und ihre ersten Falten zeigen den Reichtum ihres Lebens. Man muss als Mann erwachsen geworden sein, um sich auf eine solche gleichberechtigte Partnerschaft einlassen zu können.

Was wünscht sich ein Mann in diesem Alter, wenn er darüber nachdenkt, noch einmal ein neues großes Glück zu leben? Worauf kommt es Männern jetzt bei Frauen in einer Beziehung an?

Das mag individuell unterschiedlich sein, aber alle Männer verlieben sich, wenn sie von Frauen viel Anerkennung bekommen. Das ist für sie noch wichtiger als Sex.

Gibt es eine Strategie, die man Frauen mit auf den Weg geben kann, damit sie auf den »richtigen« Partner treffen?

Zunächst sollten Frauen so leben, dass sie notfalls auf einen Mann verzichten können. Nur dann verfügen sie über den klaren Blick und die heitere Gelassenheit, um den richtigen Partner zu treffen. Und dann brauchen sie viel Geduld und oft auch Humor, weil man meist viele Männer trifft, bei denen man denkt: Das muss ich meiner besten Freundin erzählen.

Ist ein neues Glück mit 50+ von ganz pragmatischen und schnell sichtbaren Faktoren abhängig, zum Beispiel Aussehen, Beruf, Unabhängigkeit, Hobbys, Auftreten etc.?

Das Sprichwort sagt: »Jeder Topf findet einen Deckel.« Natürlich ist es günstig, wenn man sportlich geblieben ist und gesund lebt. Männer legen auf das Aussehen eher großen Wert, Frauen sind meist toleranter.

Welche Rolle spielen subjektive Faktoren wie Temperament und Charakter?

Wer gut gestimmt ist, Lebensfreude ausstrahlt, wer mitunter sein Glück gefunden hat, findet eher einen Partner. Es kommt immer auf unsere Ausstrahlung an.

Welcher Typus Frau über 50 ist bei Männern gefragt? Gibt es »Marker«, mit denen sich ein Bild zeichnen lässt, das DIE »glücklichste Frau in der Liebe 50+« zeigt? Wie muss diejenige sein, die alle Männer haben wollen?

Ich würde das gern umdrehen: Frauen sollten ihr eigenes Lebensglück mit Beruf, Freundschaften und Hobbys verwirklichen. Sie sollten ihre Erfahrungen aus den vergangenen Beziehungen reflektieren. Und sie sollten vor allem etwas Gelassenheit und Humor entwickeln und sich dann selbstbewusst einen Partner suchen mit der Einstellung: Für diesen Mann bin ich ein Geschenk.

Wie sollte eine Frau 50+ damit umgehen, wenn sie genau diesem Typus nicht entspricht?

Jede Frau muss ihren eigenen Typus finden und ihre fünf positiven Eigenschaften erkunden. Mit 50+ sind wir alle Sonderanfertigungen und sollten jene Eigenschaften, die wir selbst für lebenswert halten, herausstellen.

7

Wie wir Mr. Right garantiert in die Flucht schlagen

Es tut sich was. Mr. Right ist im Anmarsch. Wir haben ein Auge auf ihn geworfen. Und er ist begeistert von uns. Wir flirten, was das Zeug hält. Unser Herz klopft, wenn wir ihn sehen. Es gibt tolle Signale, dass es etwas werden kann mit UNS und IHM. Wir gehen abends aus. Wir telefonieren. Das erste gemeinsame Wochenende war ein einziger Traum. Nur was wir im Überschwang unserer Verliebtheit noch nicht wissen: Wir sind weit davon entfernt, Mr. Right auch sicher im Netz zu haben. Amouröse *nights and days* können ein Anfang sein. Sagen aber überhaupt nichts darüber aus, ob er ein Mr. Right ist und ob es ein Happy End mit ihm geben wird. Im Gegenteil: Auf dem Weg zu einer festen Partnerschaft kann noch eine ganze Menge schiefgehen.

Smart love 50+

Es hat sich nicht viel geändert an dem fragilen Mechanismus, der einer Liebe innewohnt. Und mit 50+ braucht die Energie gegenseitiger Anziehung einen viel größeren Raum, in dem sie »spielen« kann. Mal rückt sie an uns heran, mal geht sie zwei Schritte zurück. Sich nähern, sich entfernen, Sehnsucht haben, mal wütend aufeinander sein, um sich wieder himmlisch zu versöhnen. Das alles ist JETZT nicht anders als früher – nur noch sehr viel intensiver! Ja, es muss möglich sein, die Beziehung zu Mr. Right erst einmal AUSZUPROBIEREN. Mit allen Irrlichtern, die dazugehören. Mit allen Zweifeln, mit allen kritischen Wahrnehmungen, mit einem falschen Verdacht, der sich wieder in Luft auflösen kann, mit allen Launen, die uns jetzt mit 50+ einfach zustehen. Ja, jetzt ist dieses manchmal kindisch anmutende Hin und Her noch viel wichtiger als früher. Heute WÄHLEN wir. Und wer das tut, schaut genau hin. JETZT lieben wir mit Bedacht. WIR tun es. Aber auch Mr. Right. Ob er sich bei der Auswahl als so anspruchsvoll erweist wie wir, ist natürlich eine ganz andere Frage.

Wenn also nach der großen Euphorie zu Beginn bei IHM plötzlich kompletter Rückzug angesagt ist, muss etwas falsch gelaufen sein. Wie konnte das passieren? Warum ist auf einmal und ganz unerwartet die Luft raus? Haben wir uns in dem neuen Mann getäuscht? Sind wir (wie früher schon mal) einem Herzensbrecher aufgesessen? Liebe Ladys, bitte vergessen Sie das! Nichts kommt aus dem Nichts.

Ein Mr. Right 50+ bekommt nicht einfach SO kalte Füße und macht sich aus dem Staub. Wir haben doch gespürt, dass da ganz viel zwischen uns war: Die Chemie hat gestimmt, wir haben uns aufeinander gefreut, es »passte« zwischen uns – wir fühlten uns wunderbar an seiner Seite. Ja, es war ein seriöses, schönes Gefühl.

Aber Liebe hatte schon immer ihre eigene Logik. Das dürfen wir nicht vergessen, weil wir vielleicht ein bisschen aus der Übung sind. Oder weil wir annehmen können, dass ER ja erwachsen ist. Nein, Mann bleibt Mann, egal wie alt. Ein Teil von ihm bleibt immer großer Junge, über den wir nur mit dem Kopf schütteln können.

Es ist zwecklos, sein plötzliches Desinteresse schönreden zu wollen. Nein, da gibt es nichts drum herumzureden und Entschuldigungen zu suchen, die etwa so klingen: Er meldet sich nicht mehr, weil

- er so viel Stress im Büro hat.
- er die Trennung von seiner Frau erst verarbeiten muss.
- er von ihr erpresst wird.

- er Probleme mit seinen Kindern hat.
- er in einer Sinnkrise steckt.
- er sich um seine alte Mutter kümmern muss.

Nein, daran hat es noch NIE gelegen, wenn sich ein Mann scheinbar grundlos abwandte. Er wollte NICHT. So einfach war das. Und so einfach ist es auch heute. Wenn ER einfach NICHT will.

Wenn Mr. Right also plötzlich zögert und sich in eine distanzierte Unverbindlichkeit flüchtet, ist sein Interesse an einer festen Bindung verflogen. Und es ist ziemlich wahrscheinlich, dass es mit UNS zu tun hat und WIR einen dummen Fehler gemacht haben. Ausgerechnet WIR, die wir heute so viel wissen über Männer und ihre Marotten und Macken, wenn es um Beziehungen geht. Und diese maskulinen Merkwürdigkeiten sind mit dem Älterwerden auch nicht weniger, sondern eher MEHR geworden!

Die Sache mit Mr. Right braucht Fingerspitzengefühl. Der tollste Mann weit und breit nützt uns wenig, wenn wir ihn aus dem Takt bringen. Auch in dieser heißen Anbahnungsphase ist es ratsam, sich selbstkritisch zu fragen: Habe ich alles richtig gemacht? Wo habe ich gepatzt?

Wer einen Mr. Right will, kann die ungeschriebenen, natürlichen Regeln nicht außer Acht lassen, die zu einem stabilen, romantischen Gefühl dazugehören. Ob wir sie verstehen, ist eine ganz andere Frage. Aber Liebe kennt keine Vernunft. Liebe ist irrational. Es gibt keine nachvollziehbare Erklärung, warum ein Mann sich zuerst so und auf einmal ganz anders entscheidet. Warum er zuerst den Liebeskasper gibt und von einem Tag auf den anderen am liebsten unsichtbar sein möchte. Welche verliebte Frau soll das kapieren?

Wir können nur Rückschau halten auf das, was wir mit Männern erlebt haben. Wie oft stellten wir uns die Frage »Warum ist er so?«, ohne wirklich plausible Antworten zu finden. Jeder Mann ist eine Überraschung. Immer wieder. In jeder Hinsicht. Dennoch können wir wichtige Informationen aus unseren Erfahrungen ziehen. Den roten Faden erkennen in den immer wiederkehrenden Mustern, die sich in einer Beziehung zu einem Mann herauskristallisiert haben. Ja, es gibt empirische Werte dazu, was Liebe duldet – und in welchem Fall sie wieder aussteigt. In vielen Punkten gelten sie sogar für beide Seiten: für Mr. Right, aber auch für UNS. Allerdings konzentrieren wir uns darauf, was SEIN wunder Punkt ist und was WIR damit konkret zu tun haben können.

WIR lieben jetzt SMART. Mit 50+ haben wir einen besseren Überblick über das, was passieren kann – und wie wir darauf reagieren wollen. Wir wissen, dass es sich nicht lohnt, wegen der Unwägbarkeiten in der Liebe zu verzweifeln. Wenn es anders kommt, als wir es uns erhofft haben, nehmen wir das einfach mal so hin. Wir machen keine Szenen mehr. Wir zeigen auch nicht, wie verletzt wir sind. Wir bewahren Haltung und schauen, wann wir wo und wie welchen Fehler gemacht haben. Ja, wir nehmen das Malheur in der Liebe an – und begreifen es als eine neue Chance. Deshalb analysieren wir, mit welchen Fauxpas wir am Ende IHN, den wunderbarsten Mann der Welt, in die Flucht geschlagen haben. Und wir lernen daraus, damit es uns in Zukunft besser geht. Vielleicht erkennen Sie sich ja wieder, liebe Ladys!

Dos and Don'ts in der Liebe 50+

Wie liebe ich, wie liebe ich nicht. Was ist erlaubt, was ist verboten. Was in der Liebe geht und was nicht geht – darüber sind sich die Beziehungspsychologen in weiten Teilen einig. Und wir haben ihr Wissen seit Jahren gespeichert. Manchmal kommen moderne Erkenntnisse hinzu, an die wir Frauen 50+ uns nicht so richtig gewöhnen mögen. Sie weisen zum Beispiel darauf hin, dass wir selbst mehr Initiative in der Liebe ergreifen sollten. Aber damit tun wir uns schwer. Wir Frauen 50+ sind nicht so erzogen.

Dieser Tipp der Experten wirft Fragen auf: Sprechen WIR einen Mann zuerst an? Fragen WIR, ob er mit uns einen Kaffee trinken will oder Spaghetti essen? Zeigen WIR offensiv, dass wir mehr wollen als nur eine Affäre? Machen WIR ihm einen

Antrag? Heute geht das, heißt es. Auf keinen Fall sollten wir einen Mann hinhalten, sondern uns klar bekennen. Sich zu zieren in der Liebe sei OUT. Wir leben ja in einem anderen Zeitalter, sagen die Experten. Und sie ermutigen uns Frauen 50+, die »ersten Schritte« zu machen, wenn er nicht auf uns reagiert, uns nicht anspricht oder zögerlich und zurückhaltend ist. Dies gelte insbesondere dann, wenn ER Schwierigkeiten habe mit Frauen unseres ALTERS ...

Okay, lesen kann man das, Papier ist ja geduldig. Aber sollen wir uns an solche Ratschläge tatsächlich halten? Haben die Fachleute wirklich recht? Das Drehbuch für die Dos and Don'ts in der Liebe darf natürlich nicht aus der Steinzeit sein. Aber EMANZIPATION hin oder her, es lässt sich einfach nicht leugnen: Eine gute Portion Neandertaler steckt auch jetzt noch in Mr. Right! Er ist ein Jäger. Und diese Rolle wird er wohl nie und nimmer ablegen. So hat es uns alle Jahre die Psychologie erklärt. So haben wir es selbst auch erfahren. Warum sollten wir darüber jetzt anders denken? Lassen wir ihn doch einfach in Ruhe, wenn er sich nicht bewegen möchte. Nehmen wir uns zurück und treten nicht mehr so dicht an ihn heran. Die Jagd in der Liebe überlassen wir bitteschön IHM allein.

Am besten besinnen wir uns auf das, was wir mit 50+ am besten können. Wir verlassen uns auf unsere ganz persönliche ERFAHRUNG und unseren INSTINKT. Denn jahrelange Praxis und das richtige Gespür in der Liebe machen uns WEISE. Beides sagt uns: Es darf uns nicht auf der Stirn geschrieben stehen, dass wir gern einen Mann hätten – und zwar nur ihn und keinen anderen. Das haben wir immer wieder neu erkennen müssen. Jetzt kann uns dieses Wissen leiten und führen, wenn wir den Richtigen suchen oder ihm womöglich bereits gegenüberstehen.

Liebe Ladys, probieren Sie es einfach aus! Es ist gar nicht so schwer. Umgehen Sie dabei aber bitte alle Fettnäpfchen, die uns schon in der Anfangsphase eine vielversprechende Beziehung zerstören können. Denn ein Mr. Right ist ein zu schönes Geschenk, um es durch überflüssige Schnitzer gleich wieder zu verlieren. Die unverzichtbaren Dos and Don'ts rufen wir uns deshalb zurück ins Gedächtnis. Nie waren sie bedeutsamer als JETZT, in unserer neuen Liebe 50+.

Fettnäpfchen No. 1: Aufdringlich sein

Einen Mr. Right regelrecht zu verfolgen – das sollten wir uns HEUTE nun wirklich verkneifen. Ihm hinterhertelefonieren. Ihn mit Fragen bedrängen. Immer wieder selbst Gelegenheiten einfädeln, um ihm ganz nah zu sein. Sich erkundigen, wo er ist, und genau dort auftauchen, obwohl wir gar nicht eingeladen sind. Lächerliche Anlässe erfinden, um mit ihm in Kontakt zu sein. Hat es je etwas genützt, einen unwilligen Mann so zu ködern? Ehrlich gesagt: Nein! Wenn ER das Signal sendet, dass er keine Beziehung will, sollten wir ganz schnell umschalten. Wer nicht will, WILL NICHT. Das muss man respektieren. Und keine noch so ausgeklügelte Strategie wird ihn zur Umkehr bewegen. Druck erzeugt Gegendruck. Und in der Liebe ist das fatal.

Ein Mann, der echtes Interesse hat, wird erfinderisch vorgehen. Er wird Stein und Bein in Bewegung setzen, um uns zu faszinieren, uns zu umwerben, uns zu bekommen. Der Leitsatz unserer Großmütter hat nichts von seiner Gültigkeit verloren: »Ein Mann, der liebt, tritt Türen ein!« Und das macht er ganz ohne Aufforderung. Wir können ihn nicht dazu bewegen. Kein Gefühl lässt sich erzwingen. Es meldet sich von selbst – und aus sich selbst heraus. Gehen wir also lieber auf Abstand zu Mr. Right. Wenn da etwas Großes ist zwischen uns und ihm, wird sich das schon noch erweisen. Wenn überhaupt sorgt erst eine entspannte Distanz für eine Liebe mit Bestand.

Fettnäpfchen No. 2: Falsche Ausstrahlung

Wir sagen nichts. Oder etwas ganz Belangloses. Wir verschweigen, was wir uns wirklich wünschen, erhoffen und ersehnen. Wir versuchen, nichts aus unserem Innersten preiszugeben. Mr. Right soll nicht erfahren, was wir für ihn empfinden. Und trotzdem fühlt es sich für ihn so an, als würden wir ihm gerade die SCHLINGE um den Hals legen. Wir können uns das nicht erklären. Wir haben doch gar nichts gemacht, denken wir. Wie kann es sein, dass Mr. Right in Abwehrstellung geht?

Es ist unsere Ausstrahlung, die ihm eine Botschaft vermittelt, die wir gar nicht senden wollen. Und die kommt bei ihm nicht gut an. Sie lautet: ICH will DICH. Und seine Reaktion, wenn er sich zurückzieht, bedeutet: ICH will dich NICHT.

Was wir ohne Worte sagen, kann 60 bis 90 Prozent unserer Äußerungen ausmachen. Das gilt selbstverständlich auch in der Liebe. Wir können nichts sagen und dennoch ganz viel mitteilen. Wir können lügen und dennoch kommt die versteckte Wahrheit unserer Gefühle bei Mr. Right an.

Die nonverbale Kommunikation ist ebenso bedeutend wie die verbale Kommunikation. Einer, der dieses Phänomen erforscht hat, ist der Psychotherapeut Paul Watzlawick, der sagte: »Man kann nicht *nicht* kommunizieren.« Wir tauschen uns immer aus. Auch wenn wir keinen Ton herausbringen oder etwas sagen, was nicht der Wahrheit entspricht. Wir kommunizieren durch unser Verhalten. Ein Blick kann alles verraten, auch wenn uns gerade nichts über die Lippen kommt. Genauso verhält es sich mit Gesten oder unserer Mimik. Unsere Körperhaltung »spricht« den ganzen Tag, ohne dass wir uns dessen bewusst sind. Unsere Kleidung, unser Make-up, unsere Frisur korrespondieren mit unserem Gegenüber. Und selbst wenn wir den Mund aufmachen, liegt die wirkliche Message eher in unserer Tonlage als in dem verlautbarten Wort. Wie wir uns geben, sprechen, schauen, ist also bereits Kommunikation.

Wenn wir so tun, als würde uns Mr. Right nicht sonderlich interessieren, heißt das gar nichts. Denn nonverbal sagen wir etwas ganz anderes. Sind wir übertrieben sexy herausgeputzt und grell geschminkt, werfen wir permanent unsere Haare über die Schultern oder spielen wir mit den Haarsträhnen, haben wir eine hohe und gepresste Stimme, demonstrieren wir einen insgesamt völlig überspannten Habitus. Bei IHM kommt dann diese Nachricht an: Ich hab mich schön gemacht, um dir, und zwar NUR dir, zu gefallen. ICH will DICH haben.

Wenn ein Mann, den wir wollen, das gut findet, haben wir Glück. Aber in der Regel wecken solche aufgesetzten Signale bei Mr. Right eher Abneigung. Die Attribute einer »Männerfängerin« werden meist nicht als sympathisch wahrgenommen. Mr. Right will nicht bedrängt werden, sondern selbst Eroberer sein. Zumindest muss er diesen Eindruck haben. Daran hat sich tatsächlich bis heute nichts geändert.

Was uns HEUTE wirklich helfen kann, ist eine neue selbstbewusste Haltung, wenn Mr. Right sich länger Zeit nehmen will, als unsere Geduld es zulassen möchte. Wir fühlen uns nicht klein, nur weil er nicht in die Gänge kommt. Nein, wir leisten uns eine entspannte innere Einstellung zur möglichen Liebesbeziehung mit Mr. Right, indem wir uns sagen: Ja, ich finde diesen Mann gut. Mal sehen, ob daraus etwas wird. Aber so lange er noch überlegt, wende ich mich anderen Dingen zu und bin – trotzdem – eine glückliche Frau. Und wer weiß, wer uns noch so über den Weg laufen wird.

Wenn wir die Sache gelassen betrachten, fahren wir automatisch unsere Werbestrategie zurück: kein Hasenblick mehr, keine extravagante Klamotte, keine Haar-Experimente, kein überlautes Lachen und keine überschäumend gute Laune, keine heisere, schnelle, schrille Stimme, kein übermäßiges Sich-zu-ihm-Vorbeugen. Das alles sind nonverbale Signale, die anzeigen, dass wir ihn auf Teufel komm raus beeindrucken und haben wollen. Aber es sind genau die Anzeichen, die kein Mann goutiert.

WARUM das so ist? Ja, es werden wohl die Jagdinstinkte aus der Urzeit sein, die auch ein Mr. Right von heute in seiner DNA trägt. Er will nicht das Objekt sein, das am Ende erlegt wird. Mr. Right will selbst erobern. So ist es ratsam, dass wir unsere Begeisterung ein wenig im Zaum halten. Ja, wir können das jetzt gut akzeptieren. Denn umgekehrt möchten auch WIR nicht überrumpelt werden, wenn wir noch in der Phase sind, in der wir uns noch nicht eindeutig für Mr. Right entschieden haben. Darum, liebe Ladys, erinnern wir uns an das, was wir uns fest vorgenommen haben: schön cool bleiben, das Leben genießen und abwarten, was kommt! Nur so kann es mit Mr. Right etwas werden.

Fettnäpfchen No. 3: Klammern

Wie viel Verbindlichkeit dürfen wir in einer Liebe 50+ zu Anfang erwarten? Natürlich braucht es eine gewisse Verlässlichkeit, wenn sich etwas Ernstzunehmendes entwickeln soll. Ohne seriöse Absicht ist ein Mann ja auch kein Mr. Right. Aber selbst wenn wir schon sehr weit mit ihm gekommen sind, bedeutet das nicht, dass dies auf Dauer so bleiben wird.

Manchmal überlegt Mr. Right es sich doch wieder anders. Ja, das kommt immer wieder vor – auch mit 50+! Und jedes Mal sind wir wieder perplex, wie so etwas passieren kann. Warum ist er so? Er ist doch ein erwachsener Mann, kein bindungsunfähiger 20-Jähriger. Wir verstehen die Welt nicht mehr, wenn es passiert. Die unerwartete Funkstille. Auf Nachfragen bekommen wir nur unbefriedigende Ausflüchte zu hören, das Handy bleibt ausgeschaltet, wir kriegen höchstens noch eine SMS oder führen bedeutungslose Telefonate mit ihm.

Ja, das ist schon ein kleines, spätes Drama, das wir nun wirklich nicht mehr gebrauchen können. Aber häufig haben wir Frauen es uns auch selbst zuzuschreiben. Solche Wendungen in der Liebe treten immer dann ein, wenn WIR nicht mehr die Frau sind, in die er sich verliebt hat. Wenn der Flair weg ist. Wenn unser Witz über alle Berge geht. Wenn wir kein Geheimnis mehr sind. Wenn wir ihn nicht mehr zum Lachen bringen.

Was jetzt, mit 50+, bei Mr. Right auf keinen Fall ankommen darf, ist eine Liebe, die verzweifelt wirkt. Wenn wir vermitteln, dass wir ohne ihn nicht sein wollen, und dies offen oder auch unterschwellig zeigen. Wenn wir ein Verhalten an den Tag legen, bei dem jeder Mann nur DICHTMACHEN kann. Wenn wir ihn kontrollieren. Wenn wir nachhaken, wo er denn steckt, wenn wir ihn nicht erreichen können. Ja, dann ist es vorbei. Wenn wir ihn bedrängen, jede freie Minute mit ihm verbringen wollen. Wenn wir Besitzansprüche geltend machen und er sehr bald der Außenwelt zeigen soll, dass nun WIR die Frau an seiner Seite sind. Wenn wir meinen, Himmel und Hölle in Bewegung setzen zu müssen, um ihn dingfest zu machen, dann kehrt Mr. Right ganz schnell wieder um.

Es ist eine fatale Entwicklung in der Liebe, wenn wir nicht mehr der Mensch sind, in den sich unser Partner verliebt hat. Wenn wir nicht mehr die selbstbewusste Frau vom Anfang sind. Wenn auf den Flirt schnell die Vorwürfe folgen und die Liebe sich nicht mehr leicht, sondern lästig anfühlt. Es ist ein schmaler Grat, den wir mit einem Partner HEUTE in unserer Lebensmitte gehen. Konnten wir als junge Frauen meckern, streiten oder entnervt den Telefonhörer auflegen, wenn er uns mal wieder viel zu spät anrief, so kommt dies heute anders rüber. Jedes Nörgeln und Jammern löst in Mr. Right vertraute Szenen aus, von denen er genug hat. Von einer solchen Klammer wird er sich ganz schnell frei machen.

Nur WARUM ändern Frauen sich manchmal so schnell? Das größte Manko in diesem Fall ist die ANGST. Wenn sich in die anfängliche Verliebtheit die Sorge mischt, ihn über die erste Euphorie hinweg nicht halten zu können. Diese Furcht ist einer DER Liebeskiller schlechthin. Und es ist wahrscheinlich, dass dieses Gefühl zunimmt, je älter wir werden.

Passen wir also gut auf! Die Frau, die mit 50+ aufhört, frei und selbstständig zu sein, sondern nur noch an ihm klebt – sie wird VERLASSEN. Wenn wir ehrlich sind, können wir das auch verstehen. Uns geht es im umgekehrten Fall ja nicht anders. Die totale Anlehnung an Mr. Right ist nämlich eine hilflose Botschaft, die heißt: »Ich kann ohne dich nicht leben.« Aber dieser Satz gehört ins Poesiealbum. Damit hat ein Mr. Right 50+ überhaupt nichts am Hut. Eine Frau, die ihm gefühlsmäßig oder sonst wie zur Last fällt, will er nicht mehr haben. Seine Liebesvergangenheit war schon zu bewegt und strapaziös genug, um sich selbst jetzt mit einem neuen schweren Anhängsel zu beschweren. Wenn zwei gemeinsam später ein gefestigtes Paar sind, kann man sich natürlich eingestehen, dass man nie mehr aufeinander verzichten will. Aber bitte nicht auf den ersten Schritten dorthin.

Wir können mit dieser Erkenntnis heute auch gut umgehen. Heute wissen wir: Jede Form von Abhängigkeit in einer Beziehung macht schwach. Die Balance geht verloren, wenn wir alles tun, um ihn zu halten – und er nichts dafür tun muss, damit wir bei ihm bleiben. Liebe braucht Augenhöhe. Und das Spielerische vom Anfang darf nicht in Angst und Eifersucht verglühen, wenn wir Mr. Right dauerhaft faszinieren wollen.

Fettnäpfchen No. 4: Auf Abruf bereitstehen

Wenn ER anruft, stürzt sie sofort zum Telefon. Wenn ER sie sehen will, hat sie immer Zeit. Wenn ER einen Vorschlag macht, stimmt sie gleich zu. Wenn ER ein Treffen verschiebt, nickt sie die Alternative sofort ab. Ja, Mr. Right hat leichtes Spiel mit einer Frau, die immer sofort zur Stelle ist, wenn er mit den Fingern schnippt. Aber will er das?

Nun, Lady »Allzeit bereit« wird nicht lange Freude an Mr. Right haben. Nur lieb zu sein, sich vollkommen anzupassen, das ist pures Gift für jede Beziehung. Und mit 50+ hat es eine noch größere Dimension: Mrs. Right und Mr. Right sind ja erwachsene Menschen. Wenn ER sich für SIE interessiert, erwartet er, es mit einer selbstständigen Frau zu tun zu haben. Er will kein Mäuschen, das sich duckt und nur nach seiner Pfeife tanzt. Immer greifbar zu sein wie eine Schachfigur, die sich hin- und herschieben lässt, ist ein Signal, das heißt: Ich lebe nur für dich. Doch der besondere Zauber der Liebe 50+ besteht darin, dass wir auch sehr gut allein klarkommen können. Das ist der Reiz JETZT. Das ständig gegenwärtige Bewusstsein, dass wir uns um den anderen täglich neu bemühen müssen – weil wir keinen Partner BRAUCHEN. Das ist neu.

Ein Paar, das sich mit 50+ findet, hält nicht wie Pech und Schwefel zusammen, weil ein früh gegebenes Jawort die Zukunft diktiert: Wir sind nicht aneinander gekettet, um die nächsten 30 Jahre gemeinsam ein Haus abzubezahlen. Wir müssen keine Kinder zusammen großziehen. Nein, solche Klammern, die manch unbefriedigende Ehe über Jahrzehnte zusammentackern, gibt es bei uns nicht. Wir haben jeder UNSER Leben.

Selbstständig sein, eigene Termine haben, mal ganz weg und nicht erreichbar sein – das ist der besondere Trigger, der eine späte Liebe schön und spannend hält. Nehmen wir diesen Schwung heraus, weil wir uns den Wünschen eines Mr. Right unterwerfen oder der Angst, ihn zu verlieren, werden wir uninteressant. Ein Mr. Right will sich anstrengen müssen. Doch wenn er das nie muss, wird sein Gefühl für uns still und heimlich gehen. Im umgekehrten Fall, liebe Ladys, können wir es ja auch nicht aushalten, wenn da jemand ist, über den wir immer und jederzeit verfügen können. Bedeutet ein solcher Mann nicht eher Last als Liebe?

 Fettnäpfchen No. 5: Geständnisse zur Unzeit

Was erzähle ich frei heraus, was behalte ich lieber erst einmal für mich? Das ist eine sehr sensible Angelegenheit, wenn wir es mit einem möglichen Mr. Right zu tun haben. Wir sind frisch verliebt. Aber wir kennen ihn noch nicht so gut. Ein bisschen wissen wir voneinander. Vielleicht auch ein paar große Geschichten. Aber reicht das aus, um gleich mit der Tür ins Haus zu fallen? Wie kommt es an, wenn wir unser Herz bereits jetzt auf der Zunge tragen?

Nun, natürlich stellt man sich dem anderen vor, wenn man sich kennenlernt. Mr. Right kann wissen, welchen Job wir machen. Ob wir Kinder haben. Wie lange wir getrennt, geschieden, verwitwet oder Single sind. Welche Hobbys wir haben, kriegt er natürlich mit. Unbedingt sollte er im Bilde darüber sein, welche Blumen wir lieben, dass wir Champagner vergöttern, wer unser Lieblingsschriftsteller ist und dass wir am liebsten in Frankreich und Italien Urlaub machen. Ja, wir können auch kleine Sünden zugeben, zum Beispiel dass wir gern »Big Brother«, »Dschungelcamp« oder Dieter Bohlen gucken. Ein paar harmlose Ecken und Kanten sind charmant. Heimlich Schokoriegel horten, die Sucht nach Vanilleeis, Flugangst oder Spinnenphobie. Ja, das alles darf er ruhig wissen. Nur wo sind die Grenzen?

Müssen wir ihm wirklich gleich zu Beginn erzählen, dass sein Vorgänger ein Muttersöhnchen war und wir unsere Schwiegermutter sonst wohin gewünscht haben? Soll er wirklich wissen, dass wir nicht gut mit Geld umgehen können und unsere beste Freundin uns die Freundschaft gekündigt hat? Geht es ihn etwas an, dass wir in Dauerfehde mit unserer Familie liegen? Und ist es wirklich klug zu erzählen, dass wir heimlich einen Geliebten hatten, weil unser Ex kein Hotspot im Bett war? Ganz zu schweigen von den berühmten drei Worten: Müssen wir wirklich schon jetzt »Ich liebe dich« zu ihm sagen, obwohl er selbst noch keinen Pieps über LIEBE gesprochen hat?

Das ehrliche Wort im falschen Moment hat schon mancher frischen Beziehung das Genick gebrochen. Und zwar dann, wenn viel zu früh zu viel Intimes ausgeplaudert wurde. Ein neuer Mensch an unserer Seite muss nicht gleich ALLES erfahren. Es gibt Bereiche und Phasen in unserem Leben, die mit Mr. Right nichts zu tun haben. Lassen wir sie dort, wo sie hingehören. Außerdem: Wer zu viel über seinen Kummer und seine Ärgernisse spricht, wirkt nicht attraktiv. Mr. Right sucht ja kein Problem, sondern eine schöne Beziehung. Und einem Mann sagen, dass man ihn liebt, sollte man nur, wenn ER selbst ein tiefes Gefühl offenbart hat und man sich schon sehr gut kennt. Ein »Ich liebe dich« ganz am Anfang kann Angst machen, vor allem wenn der andere noch nicht so weit ist. Es drängt ihn in die Verantwortung und er fühlt sich vielleicht verpflichtet, mit uns zusammenzubleiben. Aber das will er ja möglicherweise gar nicht – oder zumindest JETZT noch nicht. Unser Mantra in der Liebe 50+ heißt deshalb: Wir wollen ein GEHEIMNIS bleiben.

Fettnäpfchen No. 6: Falsche Erwartungen

Was will ich von ihm? Was will er von mir? Das ist die spannendste Frage, wenn wir glauben, einen Mr. Right vor uns zu haben. Jeder trägt eine Sehnsucht und eine Hoffnung in sich, wenn aus einem unverbindlichen Flirt plötzlich mehr wird. Wenn es als Paar funktionieren soll, müssen die Ansprüche an diese Liebe deckungsgleich sein oder zumindest gemeinsam wachsen. Aber oft entwickeln sich die Gefühle bei dem einen schneller und bei dem anderen langsamer. Und damit verschiebt sich auch die Balance der Erwartungen. So können erste Dissonanzen aufkommen. Und es stellt sich die Fragen: Ist ER überhaupt der richtige Mann für mich? Bin ICH überhaupt die richtige Frau für ihn?

Es gibt so viele verschiedene Vorstellungen darüber, wie sich Liebe gestaltet. Sie bergen genug Potenzial, um sich frühzeitig in die Haare zu kriegen oder enttäuscht zu werden. Und sowieso:

Was WIR uns von Mr. Right wünschen, jetzt mit 50+, könnte ganze Kataloge füllen. Aber ist er auch bereit zu geben, was wir uns in den schönsten Farben ausmalen?

Die Erwartungen an eine neue Liebe sollten gut überlegt sein und sehr behutsam vermittelt werden. Die Sache mit Mr. Right ist ja noch ein zartes Pflänzchen. Ein raues Klima verträgt es nicht. Deshalb empfiehlt es sich, behutsam zu sein und gründlich nachzudenken: Welche Wünsche muss ich jetzt schon unbedingt durchsetzen? Besteht überhaupt eine Chance, unsere Vorstellungen mit IHM umzusetzen? Eignet er sich überhaupt dafür?

Es macht keinen Sinn, darauf zu hoffen, dass ein Mann mit Naturphobie endlich die langersehnte Hilfe im Garten sein wird. Ebenso können wir mit einem, der zwei linke Hände hat, nicht einen Resthof kaufen, um ihn selbst zu restaurieren – es sei denn, der Gute ist Millionär und lässt alles machen. Jemand, der viele Ehrenämter hat oder ein zeitaufwendiges Hobby pflegt, wird nicht jeden Abend mit uns zusammen sein können. Jemand, der Turniere spielt oder Radrennen fährt, wird niemand sein, mit dem wir sonntags spät im Bett ein Frühstück zelebrieren.

Ein schnelles Ende findet eine Liebe meist dann, wenn wir sie mit zu großen Erwartungen überfrachten. Jetzt, mit 50+, können wir das viel besser verstehen. Auch WIR wollen ja von Mr. Right nicht überfordert werden. Nein, wir dürfen nicht Unmögliches anmahnen. Aus einem Autofreak machen wir keinen Naturschützer. Ein Fastfood-Junkie wird zuhause kein Sternekoch. Ein passionierter Segler wird nicht mit uns zwei Wochen lang am Pool in Spanien liegen wollen. Ein Workaholic wird nicht in den Yoga-Kurs zu kriegen sein. Und ein Zigarrenliebhaber pafft nicht ab jetzt nur noch in der Raucher-Lounge oder auf der eisigen Terrasse, weil wir das Zeug nicht riechen können.

Was will, was kann, was darf ich von einem Mr. Right erwarten? Wir haben ja keinen Anspruch darauf, dass Mr. Right jetzt mit uns alles das nachholt, was wir in früheren Lieben versäumt haben. Dürfen wir erwarten, dass Mr. Right der Mann ist, der uns endlich alle Sorgen abnimmt?

Oder einer, der im Haushalt perfekt ist? Oder jemand, der uns jeden Wunsch von den Augen abliest? Es ist schön, Traumvorstellungen von einem Mann zu haben. Aber wenn sie sich als nicht zu verhandelnde Forderungen manifestieren, kann es schwierig werden.

Ein weiterer sensibler Punkt in der Anfangsphase: Was wird aus uns als PAAR? Heiraten? Zusammenziehen? Oder alles ganz frei – ohne Ehering und jeder behält seine Wohnung? Wenn wir wieder ganz zügig unter die Haube wollen, er aber immer noch ziemlich bedient ist von seiner letzten Scheidung – was machen wir da? Drängeln oder auf Distanz gehen? Machen wir Druck, wird das Standesamt in noch weitere Ferne rücken.

Natürlich dürfen wir Wünsche haben an Mr. Right. Aber dabei braucht es Augenmaß. Manches geht, manches wird nicht passieren. Und nur, was der andere gern und freiwillig gibt, ist echt und wird uns als Paar dauerhaft glücklich machen. Legen wir ein zu schnelles Tempo vor und stellen zu früh zu forsche Forderungen, wird sich Mr. Right ganz schnell wieder verabschieden.

Fettnäpfchen No. 7: Sich verstellen

Wir haben uns ein Bild von Mr. Right gemacht, ebenso hat er einen Eindruck von uns gewonnen. Natürlich zeigen wir uns zu Beginn einer Liebe immer nur von unserer Schokoladenseite. Wir sind glücklich. Wir machen deshalb auch gern Zugeständnisse. Unsere ganze Erscheinung erstrahlt im Licht einer frischen Liebe. Mr. Right ist begeistert – zu Recht! Aber sieht er auch die Wahrheit? Wie ehrlich dürfen, können oder müssen wir sein, um seine Zuneigung zu erhalten bzw. sie nicht zu verlieren?

»Lügen haben kurze Beine« – das Sprichwort unserer Kindheit gilt auch mit 50+. Wir dürfen nicht zu einer anderen Person mutieren, nur damit wir Mr. Right bei der Stange halten. Neuerdings immer in High Heels unterwegs, obwohl wir eher die Sneakers-Lady sind? Plötzlich immer im Minirock oder Blümchenkleid, obwohl wir uns ein Leben lang nur in Hosen wohlgefühlt haben? Auf einmal in Gummistiefeln im Naturpark oder im Pferdestall, obwohl wir uns viel lieber mit Büchern im City-Appartement verkriechen?

Überraschende Umwälzungen unserer Persönlichkeit, um Mr. Right zu faszinieren, können nicht gut gehen. Wir werden es nicht durchhalten, plötzlich mit dem Rennrad herumzutouren, obwohl wir lieber shoppen gehen. Und umgekehrt werden wir kein Fashion-Victim, wenn unsere Mode-Highlights bislang nur den Attributen »sportlich« und »bequem« entsprechen sollten.

Die Erfahrung zeigt: Die wundersamsten Wandlungen führen zu nichts. Und mit 50+ sind sie auch ziemlich albern. Unsere Attraktivität ist ja jetzt gerade die Personality, die sich in 50 und mehr Jahren entwickelt hat. Das macht uns unverwechselbar. Unser Style, unsere Wortwahl, unsere Interessen, unser Können und unser Charme sind EINMALIG. Uns gibt es kein zweites Mal. Unser ECHTES Bild ist schön, nicht die Fälschung. Ein Mr. Right will das Original, nicht die Kopie von irgendetwas. So wie wir sind, sind wir richtig.

Wir wollen auch gar nicht anders sein. Es geht nicht darum, wie ein Mr. Right uns gern hätte. Je weniger Gedanken wir uns um unsere Wirkung auf ihn machen, desto besser ist es. Alles, was wir unternehmen, weil wir glauben, dass es IHM gefallen könnte, stellt sich meistens als GOLDFALSCH heraus. Die Maßnahmen, mit denen wir bewusst sein Verhalten steuern wollen, provozieren oft das genaue Gegenteil. Mit 50+ leisten wir uns den Luxus, endlich AUTHENTISCH zu sein.

Deshalb: In Pumps ans Meer, nur weil er das toll findet, das sind wir nicht. Es sieht auch überhaupt nicht gut aus, wenn wir mit spitzen Hacken in der Düne versinken. Die Mogelpackung 50+ kommt nicht gut an. Etwas flunkern dürfen wir mit 20, aber nicht heute. Produkttäuschungen in der Liebe sind jetzt OUT. Deshalb heißt unser Motto JETZT: »Sei, wie du bist!« Nur so, liebe Ladys, kann es was werden mit Mr. Right.

Comeback der Liebe 50+

Die frische Liebe haben wir in den Sand gesetzt. Das ist schade – aber es bedeutet nicht das Ende der Welt. Heute wissen wir, dass wir über Liebeskummer hinwegkommen oder ihn zumindest lindern können. Jede Frau hat ihre eigenen Strategien entwickelt: Bei der besten Freundin ausweinen, in einen Shopping-Rausch fallen, Troststunden bei einem guten Coach, ein neues Hobby, die Wohnung umstellen. Das alles hilft. Aber es bringt uns nicht den Mann zurück, in den wir immer noch verliebt sind.

Natürlich sind die Chancen nicht die besten, wenn ER sich bereits im Vorfeld einer tieferen Beziehung aufmacht und geht. ABER: Wenn es ein echtes Gefühl füreinander gab, ist es möglich, dieses bei ihm wiederzubeleben. Wir Frauen 50+ besinnen uns in der Stunde der Traurigkeit auf den ältesten Trick, den es gibt: Wir leben wieder UNSER Leben. Mit etwas Glück wird Mr. Right wieder aufmerksam auf uns. Am hilfreichsten wäre es, wenn wir ihm Grund zur Eifersucht geben. Das zieht immer. Es ist ein Liebesrezept, das so abgestanden ist wie ein zehn Tage altes Glas vormals prickelnder Limonade. Aber es WIRKT!

Wie wir es konkret anstellen? Nun, wir gehen in uns. Wir fragen uns, welcher Teufel uns geritten hat, dass wir so viele Fehler gemacht haben. Musste es wirklich sein, dass wir so um IHN kämpfen – und dabei UNS verlieren? Hätten wir uns das nicht alles sparen können, das ganze Hinterhertelefonieren, das Klammern, auf Abruf stehen, von Liebe und gemeinsamer Zukunft sprechen, obwohl das für ihn noch kein Thema war? Hinterher sind wir mal wieder schlauer. Ja, es war ein Fehler. Wir werden immer wieder auf dasselbe hausgemachte Ungeschick in der Liebe zurückgeworfen. Aber statt sich darüber zu ärgern, werden wir in Zukunft einfach besser aufpassen. Ab JETZT fallen wir nicht mehr zurück in das Liebesmuster, das wir bereits als junge Mädchen hatten. Nie wieder wollen wir nach einer großen Hoffnung ins emotionale Nichts fallen.

Fangen wir wieder neu an! Auch Sie, liebe Lady 50+. Ja, trauen Sie sich. Stellen Sie sich vor den Spiegel und schauen Sie sich an. Wer sind Sie, dass Sie so unsicher in der Liebe sind? Ja, gucken Sie ganz genau hin. Nein, Sie haben es wirklich nicht nötig, sich – vor wem auch immer – kleinzumachen. Mit 50+ sind Sie die Frau, die Ihr Leben hervorgebracht hat. Darauf können Sie stolz sein. Sie haben alle Höhen und Tiefen erlebt. Sie haben alles überstanden. Sie haben viel geleistet. Sie sehen gut aus. Mit Ihnen kann man lachen und Pferde stehlen. Wer das nicht will, soll es bleiben lassen.

Wir Frauen 50+ bleiben bei UNS. Denn nur auf uns können wir uns – in dieser Phase – wirklich verlassen. Wir wollen unser persönliches Glück nicht von einem Mr. Right abhängig machen. Nein, wir werden uns selbst nie wieder vergessen, nur weil ein potenzieller Lebenspartner auf der Matte steht. Wir sind keine jungen Frauen mehr, die wie Satelliten um die Männer kreisen. Unser *Appeal* ist unsere Eigenständigkeit. Zuerst kommen WIR – dann kommt Mr. Right. Das ist unsere Liebesstrategie!

Wir leben unsere Stärken – und zeigen Sie. Wir sind entspannt. Wir stellen keine schnellen Forderungen. Wir wollen nicht hastig heiraten, wollen kein Geld, zwingen ihn auch nicht, sich von seinem alten Leben abzuwenden. Wir machen unsere eigene Reise und schauen, wie sich Mr. Right einfügt. Und dann entscheiden WIR, ob er DER Mann ist, der in unser Leben passt.

Es ist nie zu spät, neu zu lernen. Es ist auch nie zu spät, sich selbstbewusst aufzustellen. Liebe Ladys, tun Sie es. Seien Sie wieder die Frau, in die Ihr Mr. Right sich anfänglich verliebt hat. Lieben Sie Ihr Leben, so wie Sie es sich eingerichtet haben. Und Sie werden sehen, wie schnell der aktuell interessante Mann – oder ein anderer – um Sie werben wird. In jedem Fall wird es am Ende der Richtige sein. Nur wer Sie so mag, wie Sie SIND, ist ein Glücksfang. Und den Mann, der uns gerade verlassen hat, den lassen wir erst mal ziehen. Der chinesische Philosoph Konfuzius (551 bis 479 vor Christus) sagte es bereits: »Was du liebst, lass frei. Kommt es zurück, bleibt es für immer.«

Noch mal in wenigen Worten: Eine großartige Begegnung mit einem potenziellen Mr. Right ist ein großes Geschenk. Wir müssen es hüten, damit es uns nicht aus den Händen gleitet. Auf dem Weg zu einer glücklichen, beständigen Partnerschaft kann noch eine Menge schiefgehen. Und wenn es passiert, sind WIR zumindest daran beteiligt. Es gibt Erfahrungswerte, die zeigen, auf welche Verhaltensweisen wir besser verzichten sollten. Alle Maßnahmen, mit denen wir einen Mann in eine Liebe zwingen wollen, sind falsch. Und der größte Fehler besteht darin, zu anhänglich, zu unselbstständig, zu unfrei zu werden und verzweifelt um Mr. Right zu kämpfen. Besinnen Sie sich jetzt mit 50+ auf das, was Sie SIND: eine tolle Frau mit einer tollen Persönlichkeit. Der richtige Mann wird das erkennen.

8

Wer ist ein Mr. Right?

Ups, was ist denn DER für einer. Ja, das denken wir oft, wenn wir Männern 50+ auf der Straße begegnen. Oder beim Joggen. Oder im Restaurant. Oder beim Einkaufen. Oder im Fitnessstudio. Oder in der Kunstausstellung. Oder beim Check-in am Flughafen. Wir nehmen sehr genau wahr, wer unseren Weg kreuzt. Wir wollen Mr. Right schließlich nicht verpassen, sollte er wie durch ein Wunder vor uns stehen. Aber wenn wir die Gentlemen taxieren (sie machen es ja umgekehrt mit uns auch), sind wir froh, gerade DEN da nicht als Gefährten an unserer Seite zu wissen. Ganz ehrlich, liebe Ladys, ins Schwärmen geraten wir selten, wenn es um die alltäglichen Begegnungen mit dem anderen Geschlecht 50+ geht.

Um Himmels willen – DER doch nicht!

Wir wollen nicht irgendeinen. Wir wollen Mr. Right. Doch was uns da häufig vor die Füße läuft, kann nicht richtig sein. Schon auf den ersten Blick scheiden – als Mr. Right (!) – die meisten aus. Und das nicht nur, weil ihre äußere Erscheinung unmöglich ist. Gäbe es »Mr.-Right-Wahlen«, würden es viele zumindest nach Augenschein bei uns nicht einmal in die Vorrunde schaffen. Manieren, Charisma, Charme und, ja, auch ihr Look reißen uns wahrlich nicht vom Hocker. Kein Wunder also, dass wir Frauen 50+ es offenkundig nicht so leicht mit einer neuen Liebe JETZT haben.

Und dennoch machen die schlauen Beziehungsexperten für unser sogenanntes Partnerproblem immer ganz andere Ursachen aus. Nicht nur, dass die Männer in Unterzahl seien. Nein, zu allem Übel wollen die Herren 50+ ja angeblich NUR jüngere Frauen. Sowieso seien die Signori besser im Rennen um eine neue Liebe als WIR, da sie im Gegensatz zu UNS attraktiv seien – mit ihrer Lebenserfahrung, ihrem Beruf, ihrem Status.

Da müssen wir erst mal schlucken. Schließlich haben wir DAS doch auch zu bieten. Manchmal in anderer Weise, aber jede Frau in ihrer speziellen Biografie: die selbstbewusste Kassiererin im Supermarkt wie die kluge Oberstaatsanwältin, die erfahrene Sekretärin oder toughe Polizistin wie die gut verdienende Managerin. Und auch die Frau, die ihr Leben ausschließlich der Familie widmet, hat mindestens so viel drauf wie ein Mister 50+ mit seiner Aura, seinem Geld und seiner Life-Experience. Ja, jede von uns kann stolz auf ihre Lebensleistung sein. Hinter seinem Glanz brauchen wir uns nun wirklich nicht zu verstecken.

Ausgerechnet die Topeigenschaften des in die Jahre gekommenen Mannes würden – wenn Frauen sie vorweisen – als nicht so attraktiv angesehen werden, so die Ergebnisse der Forschung. Sprich: Klasse Frauen 50+ kommen bei Männern 50+ nicht so gut an!

Wenn das tatsächlich so ist, können wir gut damit leben. Denn einer, der mit uns nichts am Hut hat, weil wir lebensweise sind und einen ordentlichen Job machen, es vielleicht sogar zu etwas außergewöhnlich Großem im Beruf oder mit Kids und Kitchen oder allem zusammen gebracht haben, der kann uns sowieso gestohlen bleiben. Ein Mann, der eine tolle Frau an seiner Seite nicht aushält, kann niemals ein Mr. Right sein!

Das Dilemma, häufig vergeblich auf Mr. Right zu hoffen, hat in Wahrheit ganz andere Ursachen: Erstens gibt es PASSABLE Männer in unserer Altersgruppe nicht wie Sand am Meer. Zweitens stellen wir heute ganz andere Ansprüche an einen Partner. Das macht es doppelt schwer. Was wir sehen, wenn wir uns nach einem Partner umschauen, ist nicht selten zum Abgewöhnen.

Deshalb werden wir jetzt – ganz gegen den Trend, den die Experten meinen gefunden zu haben –, HIER und JETZT etwas richtigstellen: Wenn wir nur schwer – oder vielleicht auch überhaupt nie mehr – einen Lebensmenschen finden, liegt das nicht daran, dass der Mann 50+ uns Frauen 50+ nicht will. Umgekehrt wird ein Schuh daraus: Wenn wir unser Glück (noch) nicht finden, dann weil die möglichen Kandidaten, die des Weges kommen, UNS nicht passen. Ja, es ist so. Leider. Wir treffen auf männliche Wesen, die man einfach nicht haben will. Manchmal wirken sie wunderlich – und vor allem viel älter, als WIR uns fühlen. Es sind Typen, die wir nicht geschenkt haben möchten. Da wären zum Beispiel die folgenden.

Der Rucksack-Rowdy

Immer mehr Männer sind – nur EIN Beispiel – mit dem Rucksack unterwegs. Damit sehen sie nicht nur eigentümlich aus. Nein, sie rempeln uns mit ihrer sperrigen Last auf dem Rücken auch noch an. Und merken offenbar nicht einmal, was sie da eigentlich tun. Und was bitte führen sie überhaupt mit sich in ihren großen Nylonbeuteln? Wie sie so durch die City stiefeln und im Kaufhaus wie der Elefant im Porzellanladen wüten, ist nun wirklich nicht attraktiv.

Der »funny cyclist«

In die Kategorie »merkwürdiger Typ« fallen auch die graumelierten Radrenn-Oldies, meistens im hautengen Synthetik-Dress unterwegs. Sie sehen nicht nach links, nicht nach rechts. Tief über ihren Drahtesel gebeugt wirken sie wie im Rausch. Nach dem Motto »Je oller, je doller« rasen sie uns in Parks, auf Geh- und selbst Feldwegen um – oder sie strampeln stur über Chausseen und lassen uns mit unserem Auto nicht vorbei. Vielleicht sind sie im Anzug oder in Jeans und im Gespräch super Typen, nur auf dem Bike ist das nicht auszumachen.

Der Mann ohne Benehmen

Und wie wenig anziehend kommen eigentlich die Burschen 50+ mit der schlechten Kinderstube daher? Wie gedankenlos sie die Glastür im Einkaufszentrum hinter sich zufallen lassen, sodass sie uns vor die Nase knallt. Oder den Mund nicht aufkriegen, um wenigstens einen guten Tag zu wünschen oder ein Danke zu signalisieren, etwa wenn wir ihnen im Straßenverkehr den Vortritt lassen. Wie maulfaul sie sind, wenn wir in der Warteschlange eine lustige Bemerkung machen und sie – statt mit einem liebenswürdigen Spruch zu reagieren – nur stumm das leere Nichts fixieren. Tja, so ein Mann kommt schon im Vorfeld nicht infrage.

 ## Der Schludrige

Ebenso skurril sind die Jungs *over fifty*, die sich nicht anständig anziehen können und überhaupt etwas nachlässig mit sich sind. Wir wollen ja kein Model, aber die Hose kann ruhig richtig sitzen. Nicht selten aber ist sie zu kurz oder zu lang, der Pulli aus der Form, das Hemd zu eng. Ja, es überrascht immer wieder, wie selbstbewusst viele ihre Bäuche spazieren führen. Von dem bestrumpften Trekkingsandalen-Fan mal ganz abgesehen. Ebenso betrüblich ist es, wenn sein Zahnarztbesuch schon Lichtjahre her zu sein scheint, das macht uns auch nicht glücklich. Und wann spricht sich endlich herum, dass ein grauer, stoppeliger Bart die meisten Männer nur steinalt, aber kein bisschen sexy aussehen lässt?

Der Klamotten-Junkie

Nicht zu vergessen der Smartie, der – häufig mit zu viel Gel im Haar – wie ein gespreizter Pfau durch sogenannte In-Viertel stolziert oder in angesagten Bars, Cafés und Bistros Hof hält. Sein ganzes Outfit ist durchdacht: fliederfarbene Daunenjacke, bis weit über den Fußknöchel hochgekrempelte Jeans, Chucks oder barfuß bei minus zwei Grad im Velours-Mokassin mit Schleife. Nicht zu vergessen seine Sonnenbrille, womöglich mit verspiegeltem Glas, die er selbst bei Regen und im direkten Vier-Augen-Kontakt nicht von der Nase nimmt. Dieser Look muss nicht zwingend unschick sein – und doch ist er für Boys 50+ *over the top*, einfach zu viel! Verrät das eitle Gehabe doch nur, wie selbstverliebt er ist. Ein Blick genügt und wir wissen alles: Seine Gedanken kreisen nur um sich selbst, selbst dann, wenn er UNS an seiner Seite hat. Und es fällt ihm schwer, über 50 zu sein. Durchschaut! Nein, das wird nix.

Traummann-Träume

Genug, wir hören jetzt auf damit. Nein, auch über den betagten Monsieur im offenen Porsche-Cabrio nebst Begleitung, die höchstens 30 ist, wollen wir uns jetzt nicht mehr auslassen. Aber ein bisschen Lästern muss erlaubt sein. Es kommt ja nicht von ungefähr. Geschuldet ist es dieser sich ewig wiederholenden Aussage, dass Männer 50+ nur jüngere Frauen haben wollen. Da muss man auch mal Stopp rufen und sagen dürfen: »Guckt euch doch bitte mal selbst an. Warum wollt IHR nur jüngere Frauen?« Okay, manchmal erwischt man jemanden am falschen Tag – und dann ist es vorschnell und ungerecht, ihn von der Willkommensliste zu streichen. Deshalb schreiben wir jetzt einmal ganz wertfrei auf, was wir Ladys 50+ uns von einem Mann wünschen und wer sich überhaupt Mr. Right nennen darf.

Für uns *Golden Fifties* gilt jetzt der gute alte Satz: »Man kann nicht anspruchsvoll und selbstbewusst genug sein.« Das ist unsere neue Haltung, und zwar spätestens ab dann, wenn wir die Lebensmitte voller Energie durchschreiten. Wir verändern uns – und damit wird auch der Traum vom großen Glück ein anderer. Heute halten wir es mit Albert Einstein, der sagte: »Verrückt ist, immer wieder dasselbe zu machen und mit einem anderen Ergebnis zu rechnen.« Ja, recht hat er. Und genau deshalb lassen wir in der Liebe jetzt alles weg, was uns nicht gut bekommen ist. Umgekehrt ausgedrückt: Wir peilen jetzt einfach mal einen Partner an, der Werte lebt, die uns JETZT besonders wichtig sind.

Wie eine Verbindung aussehen sollte, davon haben wir sehr viel genauere Vorstellungen als in unseren früheren Jahren. Wir schauen von einem anderen Standpunkt auf die Männer. Und diese andere Perspektive beruht auf all unseren Erfahrungen, die schön waren – und auf Begegnungen, wie wir sie auf keinen Fall noch einmal erleben wollen. Unsere Rechnung für eine neue Liebesbeziehung sieht so aus: Der Mann, der für uns heute infrage kommt, muss gewisse Anforderungen erfüllen – ansonsten wird es nichts mit UNS.

In der Liebe JETZT wünschen wir uns vor allem nur noch entspannte Beziehungen. Deshalb ist unser Plan für eine Zukunft mit einem Mann mit sehr viel mehr Vorbehalten belegt. Unser Bild von einem Mr. Right ist bestimmt von dem, was WAR und was HEUTE ist. Wir selektieren, was geht und was nicht mehr geht. Wir können genau sagen, was wir uns wünschen, was uns nicht mehr so wichtig ist, zu welchen Kompromissen wir bereit sind oder ob wir es überhaupt sind. Auch wenn manches am Ende anders kommt, ist es gut, ein mögliches Partnerschaftsgerüst 50+ gedanklich zu skizzieren.

Wir sollten uns zwei wesentliche Fragen stellen: Wer bin ich? Was fehlt mir? Wenn Sie das wissen, können Ihre Wünsche an einen Mr. Right Gestalt annehmen. Und sehr wahrscheinlich bewahrt uns dieses Bild davor, wieder bei dem Falschen zu landen. Es ist wichtig, das zu benennen, was stört und was traurig macht. Und ebenso bedeutsam ist es, sich vor Augen zu halten, worauf es uns heute in der Verbindung zu einem Mann ankommt.

Nur, wenn wir klare Vorstellungen haben, besteht eine echte Chance, eine neue Ausgangsposition in der Liebe zu erobern und damit den richtigen Blick für einen potenziellen Mr. Right zu bekommen. Wir treten ihm souveräner gegenüber – und wir werden sicherer und besser darin, den für uns Richtigen herauszupicken. Dabei geht es gar nicht um spezielle Verhaltensmuster und außergewöhnliche Charaktermerkmale, die der andere haben muss. Es geht um Grundsätzlichkeiten, die nicht nur ihn, sondern in erster Linie UNS betreffen. Am besten kommen wir darauf, wenn wir den ganz persönlichen Vergleich anstellen: Wie waren wir FRÜHER? Wie steht es HEUTE um uns?

Beispiele, wie eine solche Erkenntnis aussehen kann:

- *Ich war eine Frau, die sich schon lange nicht mehr von ihrem Partner geliebt gefühlt hat – jetzt weiß ich, dass ich nur noch einen Mann möchte, der mich auf Händen trägt.*
- *Ich war eine Frau, die immer nur an die anderen dachte und nie an sich selbst – heute stehen meine eigenen Bedürfnisse in einer Beziehung gleichauf mit seinen.*
- *Ich war eine Frau, die sich ein Leben ohne Mann nie vorstellen konnte – heute will ich nur noch einen Partner, der auch wirklich GUT für MICH ist, oder ich bleibe lieber allein.*

Das »Früher« und das »Heute« muss jede Frau für sich benennen. Jede weiß für sich, was in vorigen Beziehungen auf der Strecke geblieben ist – und worauf sie zukünftig in einer Partnerschaft nicht mehr verzichten will.

Natürlich kommt noch kein Mr. Right wie ein Prinz auf dem weißen Schimmel herangeritten, sobald wir erkannt haben, was wir wollen. Aber wir wissen: Wenn wir eine neue Beziehung eingehen, dann nur mit einem Mr. Right! Er ist der Mann, dem klar sein wird, dass wir es mit ihm zusammen nur noch fein haben wollen. Unsere Zeit JETZT wird ja jeden Tag kostbarer. Und damit steigt auch der Anspruch an die Qualität eines Partners. Wir wollen einen Mann, der uns guttut. Einen, zu dem wir »DU« sagen können, weil wir ihm vollends vertrauen. Einen, der uns ernst und in den Arm nimmt. Einen Mr. Right wünschen wir uns heute, mit 50+, als schützenden Kosmos, in dem wir uns sorglos entfalten möchten.

Mr. Right ist der Mann, mit dem es uns nur noch gut geht

Wer kommt für uns heute infrage? Und welcher Typ ist für uns raus aus dem Rennen? Ungeachtet der unterschiedlichen persönlichen Präferenzen, die wir Frauen heute haben, gibt es Liebes-Basics 50+, auf die wir uns immer wieder verständigen, wenn es um das Thema Mann geht. Worin sich die meisten

Frauen einig sind: Ein Mr. Right mit 50+ ist ein in jeder Hinsicht respektabler Mensch. Er ist seriös, kein Filou. Er strahlt Wärme aus, ist kein emotionaler Kühlschrank. Er ist unterhaltsam, kein Schweiger. Er lacht gern, ist kein humorloser Ochse. Er ist erwachsen, kein großer Junge, den wir noch erziehen müssten.

Unser Anspruch an einen Mr. Right 50+ ist kein überstrapaziertes Wunschgebilde. Nein, es kommt gar nicht so arg. Unsere Erwartung reduziert sich auf die wesentlichen Merkmale, die jemand braucht, um eine gute Beziehung zu führen. Wir müssen keinen Mann haben, der uns die Sterne vom Himmel holt. Aber wir brauchen einen, bei dem wir WIR bleiben können. Und vor allem möchten wir mit IHM keinen Stress mehr haben. Nur darum geht's. Deshalb pochen wir heute auf Eigenschaften, die eine Liebe gelingen lassen. Das Leben hat uns gelehrt, dass dies jedoch nicht so einfach ist. Früher nicht – und auch jetzt nicht!

Dabei könnte jeder Mann 50+ das Potenzial zum Traummann haben. Ein Begleiter sein, an dessen Seite unsere besten Eigenschaften wachsen und sich unsere Talente entfalten können. So schwer ist es gar nicht, ein Mr. Right zu sein. Denken wir. Aber vielleicht hilft es, IHM eine Art Waschzettel für die etwas spätere Liebe heimlich zuzustecken. Was WIR von Mr. Right erwarten, ist eigentlich so simpel, dass man es gar nicht aussprechen mag. Aber wir MÜSSEN es wohl. Deshalb folgt nun unsere WISHLIST an einen Mr. Right mit 50+.

Mr. Right ist RESPEKTVOLL

Er achtet unsere Persönlichkeit. Er lässt uns so, wie wir sind. Er will keine andere Frau aus uns machen. Er akzeptiert, wie wir sprechen, uns kleiden und verhalten. Er verlangt nicht, dass wir Freunde, Beruf, Hobbys, Familie, unser ganzes Umfeld aufgeben oder für ihn vernachlässigen. Er ist ein Mann, der ZUHÖREN kann. Ihn interessiert, was wir zu sagen haben. Er nimmt Rücksicht auf unsere Pläne und Befindlichkeiten, wenn er seine Termine macht. Er ist kein Egoist, der nur um sich selbst und seine eigenen Vorhaben kreist. Er denkt auch an UNS, wenn er sich selbst meint.

Mr. Right ist AUFMERKSAM

Er zeigt seine Liebe mit kleinen, feinen Gesten. Es muss kein großes Geschenk sein, mit dem er uns signalisiert, wie viel wir ihm bedeuten. Solche Zeichen sind eine handgeschriebene Nachricht, eine Karte fürs Kino oder für die Oper, eine handgepflückte Blume, eine SMS oder eine entzückende Botschaft auf dem Anrufbeantworter, ein Buch oder ein Zeitungsartikel zu einem Thema, das uns interessiert. Ein stilles Omen, wie sehr er sich um unser Wohlergehen sorgt, ist: Er wäscht unser Auto oder repariert unaufgefordert unseren Lieblingsstuhl. Er sieht, wenn mit uns etwas nicht stimmt – und spricht uns darauf an. Er zaubert unsere Lieblingsspaghetti oder überrascht uns mit einem Sonntagsfrühstück oder einem Ausflug an unseren Lieblingssee. Er schließt das Fenster, wenn es zieht. Und er kocht Lindenblütentee, wenn wir erkältet sind. Das alles und noch viel mehr heißt: Er macht sich GEDANKEN um uns.

 Mr. Right ist GEFÜHLVOLL

Er ist fähig, seine Liebe zu zeigen. Das erfordert keinen theatralischen Auftritt, er muss ja kein Romeo sein. Es muss auch nicht Rosen aus einem Helikopter regnen. Es sind die leisen Signale, die eine Beziehung heute schön machen. Kleine, wärmende Zuwendungen zwischendurch. Streicheleinheiten, liebevolle Nähe. Er legt den Arm um uns, wenn wir mit ihm auf dem Sofa einen Film anschauen, im Fotoalbum blättern oder eine neue Vitrine im Internet suchen. Ein Kuss besiegelt seine Begeisterung, wenn wir ihm von unserem neuesten Erfolg im Job berichten – oder wenn wir stolz sind, weil die selbst gezogenen Blumen im Garten ihre Pracht entfalten. Er ist nicht distanziert, sondern schenkt uns seelische und körperliche Geborgenheit. Wir vertrauen ihm, weil er uns täglich beweist, dass wir bei ihm gut aufgehoben sind.

Mr. Right ist VERLÄSSLICH

Er ist unser Fels in der Brandung. Er ist auf unserer Seite, wenn man uns angreift und kritisiert. Er fängt uns auf, wenn wir um ein Familienmitglied trauern. Er richtet uns auf, wenn wir unseren Job verlieren oder uns eine Freundin enttäuscht. Er hält, was er verspricht. Auch baut er keine Luftschlösser, die sich in Wohlgefallen auflösen. Er ist da, wenn er es angekündigt hat. Bevor er anruft, dass es »später« wird, muss schon etwas Außergewöhnliches passiert sein. Er zeigt uns, welch besondere Bedeutung unser gemeinsames Glück für ihn hat, indem er uns signalisiert: Das andere kann warten, unsere Beziehung ist mir heilig und geht immer vor. Dieser Mann ist unser Schutzraum. Auf ihn können wir immer bauen.

 ## Mr. Right ist TREU

Er will nur EINE Frau – nämlich uns. Er braucht keine Bestätigung durch andere Ladys. Er ist glücklich, weil er einen Schatz wie UNS an seiner Seite hat. Er zeigt dies auch in seinem beruflichen und privaten Umfeld. Er schwärmt von uns öffentlich – und signalisiert, dass er nicht mehr zu haben ist. Andere Frauen, die ihn möglicherweise umschwirren und auch als Partner möchten, haben keine Chance bei ihm. Er setzt ihnen Grenzen. Er lässt sich auch kein Hintertürchen offen, indem er sich heimlich mit anderen »Freundinnen« trifft. Er hat mit seiner Suche nach einer Lebenspartnerin abgeschlossen, weil er jetzt UNS hat.

 ## Mr. Right ist TOLERANT

Er lässt uns Freiheiten. Er hat uns so kennengelernt, wie wir JETZT leben – und er findet das toll. Er akzeptiert es ohne Murren, wenn wir mit unseren Freundinnen eine Ayurvedakur machen oder uns nach Yoga, Englischkurs oder Chorstunde noch auf einen Wein verabreden. Er versteht, wenn wir mit unserer Tochter einen Weekend-Trip nach London machen – statt mit ihm. Er zieht sich zurück, wenn wir mal Ruhe brauchen, ohne beleidigt zu sein. Er akzeptiert, dass wir unsere kleine Wohnung behalten wollen, ohne zu drängeln, weil er sich ein gemeinsames Zuhause vorstellt. Er unterstützt unseren Plan, dass wir uns jetzt selbstständig machen. Er gönnt uns unseren Erfolg. Er freut sich, wenn wir glücklich mit unserem Garten oder unserer Nähstube sind, obwohl er selbst damit nichts am Hut hat. Er hört mit uns französische Chansons oder italienische Schlager, obwohl die Stones sein Ein und Alles sind. Er lässt uns, was uns wichtig ist. Er versteht – ohne zu maulen. Er ist happy, wenn es UNS gut geht. Und bei all dem fühlt er sich nie zurückgesetzt.

 ## Mr. Right ist OFFEN

Kein Thema ist ihm unangenehm. Mit ihm können wir über alles sprechen – wirklich ALLES, was uns als Paar betrifft. Er verstummt nicht, wenn ihn etwas bedrückt in unserer Liebe. Er sagt, was los ist, am besten von sich aus. Er geht auch nicht darüber hinweg, wenn wir verstimmt sind. Über Differenzen, sollte es sie geben, kann man mit ihm reden. Er weicht keinem Streit aus. Er setzt sich mit uns auseinander, aber liebevoll, wenn es denn einmal sein muss. Auch seine persönlichen oder beruflichen Probleme kehrt er nicht unter den Teppich. Er erzählt, WAS in seinem Leben gerade WO und WIE und WARUM schwierig ist. Schweigen ist für ihn keine Lösung. Er weiß: Zum gegenseitigen Vertrauen gehören auch Offenheit und Reden.

 ## Mr. Right ist HÖFLICH

Er weiß sich zu benehmen – in jeder Lebenslage. Er ist ein Mann, der seine Achtung für uns durch einwandfreie Umgangsformen zeigt. Er lässt uns nicht warten, nicht im Café, nicht in der Stadt, nicht am Abend, wenn wir verabredet sind. Er lässt uns ausreden – unterbricht uns nicht und brüllt uns auch nicht nieder. Er trägt unsere schwere Einkaufstasche, hält uns die Tür auf und hilft uns in den Mantel. Er legt sein Jackett um unsere Schultern, wenn wir frieren. Auf der Straße passt er seinen Schritt unserem an – und rennt nicht zehn Meter voraus. Im Restaurant lässt er uns zuerst bestellen. Er genießt das Essen so langsam wie wir – und schlingt es nicht herunter wie in der Mittagspause mit seinen Kollegen. UND: Er lässt uns nicht allein am Tisch sitzen, um draußen vor der Tür eine Zigarette zu rauchen. Er unterbricht uns nicht, wenn wir mit Freunden oder unserem Chef telefonieren. Er stellt nicht den Fernseher an, wenn wir gerade ein Stündchen auf unserer Chaiselongue ruhen oder in unserer

Lieblingszeitung blättern wollen. Er stellt das Handy aus, wenn wir ausgehen oder ein gutes Gespräch führen. Er wird nie ein schlechtes Wort über uns verlieren – auch vor seinem besten ältesten Freund nicht. Mr. Right ist ein Gentleman vom Scheitel bis zur Sohle.

Mr. Right ist SELBSTBEWUSST

Er weiß, was er kann, was er will, was er ist. Er formuliert sehr klar und kann vermitteln, was IHM gerade wichtig ist. Er hat Argumente für seinen Standpunkt – in unserer Beziehung wie auch außerhalb. Er lässt sich nicht provozieren und verliert nie die Fassung. Er ist souverän genug, um andere Meinungen gelten zu lassen. Er weiß, was er geleistet hat. Und er braucht keine Symbole, die das nach außen beweisen. So muss er nicht zwingend ein großes, schnelles Auto fahren, um zu zeigen, dass er ein super Typ ist. Er macht auch auf dem Wochenmarkt mit dem Einkaufskorb oder in der U-Bahn eine gute Figur. Er lebt das Understatement. Er akzeptiert sein Alter. Er gibt zu, dass auch er JETZT mehr Pausen braucht. Er nimmt die Entwicklung entspannt – und macht nicht auf Teufel komm raus »auf jugendlich«.

Mr. Right ist FIT

Er kann das Leben genießen, aber mit Augenmaß. Er liebt gutes Essen, aber mit gesunden Zutaten. Er trinkt gern ein Glas Wein oder Bier, aber er säuft nicht. Er achtet darauf, dass er in Schuss bleibt. Er macht leichten Sport, ohne dabei fanatisch zu sein. Er ist in Bewegung und will es auch bleiben. Er geht regelmäßig zur Vorsorge – spätestens dann, wenn WIR es ihm nahelegen. Sein Kopf arbeitet schnell, weil er zum Beispiel gern liest, sich für die Welt interessiert und offen für Neues ist. Er lässt sich nicht gehen. Er will – auch für UNS – attraktiv bleiben. Er will sich einfach gut halten, damit wir noch lange Spaß miteinander haben. Mr. Right ist ein wahrer Prachtkerl – und seine Energie sieht man ihm bereits von Weitem an.

Noch mal in wenigen Worten: Ja, unser Mr. Right mit 50+ ist ein Musterkerlchen, ohne dass er sich dabei ZU sehr anstrengen müsste. Unsere Hoffnungen für eine neue Liebe kann eigentlich jeder Mann erfüllen. Wir sind ja nicht maßlos. Es braucht keine Kino-Märchen-Attribute, um als Mr. Right infrage zu kommen: Er muss nicht reich sein. Er muss nicht schön sein. Er muss nicht wahnsinnig erfolgreich sein. Er muss sich einfach nur ein bisschen Mühe geben und an ganz normale Spielregeln für das Zusammensein halten. Dafür braucht er kein Vermögen, keinen Status, aber guten Willen und – ja, das klingt altmodisch – er braucht Anstand. Das ist wohl das Mindeste, was WIR von einem Lebenspartner verlangen dürfen, oder?

Was jetzt NICHT MEHR geht

Wir wissen jetzt also, wie unser Mr. Right sein müsste. Nur wie er auf keinen Fall sein darf, das haben wir noch nicht formuliert. Und ebenso wenig haben wir geklärt, was wir nicht erwarten können oder dürfen. Wie auch die Antwort auf die Frage offen ist, ob wir heute noch Kompromisse eingehen wollen – und wenn JA, welche, und wenn NEIN, welche nicht.

Grundsätzlich gilt für jede Liebe, dass wir sie nicht mit zu hohen Erwartungen überfrachten sollten. Verlangen wir zu viel auf einmal, werden wir enttäuscht. Gehen wir zu viele Kompromisse ein, sind wir wieder dort, wo wir am Anfang unserer Liebeskarriere waren und stellen unsere Bedürfnisse viel zu weit zurück. Lehnen wir aber jegliche Verständigung grundsätzlich ab, wird sich ziemlich sicher der potenzielle Traumtyp abwenden und wir bleiben allein. Denn auch mit 50+ muss man sich mit einem Mann, der einem wichtig erscheint, zusammenraufen können. Es gibt also neben unseren Wünschen an Mr. Right noch genug Spielraum, in dem Fingerspitzengefühl und nüchterne Überlegung gleichermaßen gefordert sind, wenn aus einem ICH und einem DU ein WIR werden soll.

Die Vorstellungen davon, was wir HEUTE wollen, sind nicht in allen Einzelheiten erforscht. Das muss auch nicht sein, weil wir selbst sehr gut wissen, worauf es uns in einer Beziehung ankommt. Und dennoch ist interessant, wie sehr das, was wir füh-len, durch Studien bestätigt wird. Wir sind also nicht allein, weil die meisten Frauen 50+ sich in ihren grundsätzlichen Ansichten und Werten einig sind.

Laut einer Schweizer Studie sind 75 Prozent der Geschiedenen offen für ein neues Glück. Aber bei sehr viel mehr Männern ist dieser Wunsch stärker ausgeprägt als bei Frauen. Auch dazu, wie intensiv die neue Partnerschaft sein soll, gibt es unterschiedliche Wünsche. Die Männer wollen mehrheitlich eine feste Lebenspartnerin (zwei Drittel!), aber nur 45 Prozent der Frauen finden eine solche Verbindlichkeit wichtig. Vielmehr reicht vielen eine freundschaftliche Beziehung, um gemeinsam ein Hobby zu pflegen, auszugehen oder zu reisen. Und wenn es um einen gemeinsamen Haushalt geht, sind 20 Prozent der Männer dabei – aber nur vier Prozent der Frauen!

Was sagt UNS das? Wir Frauen 50+ sind keineswegs diejeni-gen, die verzweifelt einen Mann suchen und unbedingt fest an sich binden wollen. Und schon gar nicht müssen wir einen gemeinsamen Hausstand gründen, nur weil jemand unser Herz erobert hat. Partnerschaft ist HEUTE unter ganz anderen Vorzeichen möglich – soll heißen: weniger Zwang, weniger Einengung – mehr Freiheit, mehr *love and fun*!

Uns ist bewusst, dass wir nicht in alte Beziehungsmuster zurück-fallen wollen. Deshalb können wir auch festlegen, welcher Typus Mann heute TABU ist. Wir wollen auf Nummer sichergehen. Ja, von dem Mann, bei dem wir jetzt abwinken, haben wir ebenfalls ein Bild. Es ist kein ungefähres, sondern ein ziemlich klar fixiertes. Darüber, welche Art von Partner wir nicht mehr wollen, sind wir uns im Großen und Ganzen einig.

Keinen, der von uns erobert werden muss

Nein, heute wollen wir um keinen Mann dieser Welt mehr kämpfen. Wir wollen keine Tricks anwenden müssen und große

Anstrengungen in Kauf nehmen, um IHN zu bekommen. Wir wollen ihn auch nicht davon überzeugen müssen, dass wir die richtige Frau für ihn sind. Wir können mit ihm ins Gespräch kommen. Wir können charmant sein. Wir können ihm zu verstehen geben, dass wir ihn sympathisch finden. Aber MEHR nicht. Einer, der nicht in die Puschen kommt und sich um UNS bewirbt, zeigt schon jetzt, dass er kein Mr. Right sein wird. Jedenfalls für UNS nicht.

 ### Keinen, der als Aufschneider daherkommt

Einer, der sich vollmundig und laut erklärt, einer, der immer die Aufmerksamkeit auf sich ziehen muss und sich selbst am liebsten reden hört. Ein solches Gebaren fasziniert uns HEUTE nicht, allein schon deshalb nicht, weil es ziemlich unmännlich daherkommt. Einen Mr. Wichtig haben wir bereits in allen denkbaren Spielarten ertragen müssen – als Nachbarn, als Lehrer, als Kollegen, als Chef, als Arzt, als Ehemann. Aber NIE WIEDER. Und schon gar nicht als Lebenspartner 50+.

 ### Keinen, der nur sich selbst liebt

Von Narzissten haben wir Frauen 50+ für alle Zeiten die Nase voll. Was diese Menschen so wenig kompatibel für UNS macht: Zu echten Gefühlen sind sie nicht fähig – und sie haben eine tief innewohnende Angst, sich auf eine enge Beziehung einzulassen. Das legt sich nicht, nur weil sie älter werden. Eigentlich brauchen sie eine Therapie. Aber wir sind ja nicht die Krankenschwester, die ihn zur Behandlung und Besserung geleiten will. Wir wollen einen, der psychisch richtig tickt.

 ### Keinen, der eine Haushälterin sucht

Ja, auch dieses Thema haben wir mit 50+ abgehakt. »Mutti, wann gibt es was zu essen?« – Nein, das wollen wir nicht mehr hören. Natürlich kochen wir gern, auch mit Mr. Right zusammen. Nur darf nicht eine Erwartungshaltung von IHM dahinterstehen. Die ganze Last um die *ménage* – wer putzt, wer wäscht, wer kauft ein, wer räumt den Trockner aus oder die Geschirrspülmaschine, wer bügelt –, nein, bitte nicht mehr. Das soll in einer Liebe 50+ nicht das tägliche gemeinsame Thema sein. Natürlich muss der Kram erledigt werden. Aber WIR sind nicht mehr diejenige, an der es hängen bleibt. Und wir wollen auch nicht mehr Verantwortung und Regie dafür übernehmen. Unser Wunsch an Mr. Right: Lass doch bitte – erst einmal – deinen Hausstand bei dir.

 ### Keinen, der uns sagt, wo es langgeht

Nein, wir wollen uns nicht diktieren lassen, was wir tun oder lassen müssen. Wir gehen die Dinge jetzt so an, wie es sich für UNS als richtig erweist. Natürlich nehmen wir gern einen Ratschlag an, der entspannt geäußert wird. Aber bei Sätzen, die mit »Du musst unbedingt« oder »Du solltest endlich« beginnen, halten wir uns jetzt die Ohren zu. Ein Mann, der alles besser weiß, einer, der unsere Pläne mit seinen Ansagen durchkreuzt, einer, der unser Selbstbewusstsein untergräbt, der hat in unserem Leben jetzt nichts mehr zu suchen. Wir entscheiden selbst, was WIR machen und WANN wir es tun. Sonst niemand.

 ### Keinen, der von allen Frauen umschwärmt wird – und es genießt und zeigt

Die Zeiten, in denen wir ein solches Verhalten hingenommen haben, sind unwiderruflich vorbei. Ein Mann, den alle haben wollen – das kann anstrengend sein. Eine Beziehung mit einem Womanizer einzugehen will zumindest gut überlegt sein. Die Gefahr, dass er anfällig für Affären ist, lässt sich selbst bei höchsten Treueschwüren nicht ausschließen. Auch fällt dieser Typus dadurch auf, dass er wenig Bereitschaft zeigt, seine Interessen und seinen Willen einer Beziehung unterzuordnen. Wer sich ständig in der Gunst anderer Frauen sonnt, gibt sich weniger Mühe. Das wissen wir heute. Besser ist: Finger weg vom Frauenliebling.

Keinen, der nur Job und Karriere im Kopf hat

Natürlich ist ein Partner, der seine Aufgaben liebt und sie gern erledigt, wunderbar. Aber die Phasen, in denen der Beruf alles andere überlagert und das private Leben in den Hintergrund drängt, sollten eigentlich hinter uns liegen. Natürlich müssen auch wir tolerant sein und für seine Situation Verständnis haben. Aber das stößt an Grenzen, wenn WIR faktisch für ihn einfach keine Rolle spielen. Ein Workaholic ist heute einfach keine Option mehr. Wer keine Zeit für die Liebe hat, kann kein Mr. Right sein.

Keinen, der alles aufs Spiel setzt

Den Big Player oder den Hasardeur können wir mit 50+ überhaupt nicht mehr gebrauchen. Einer, der sich in waghalsige Geschäfte stürzt, das Casino liebt oder im Alter von 50 oder 60 das Paragliding, die Liebe zum Segelflugzeug oder die Harley-Davidson für sich entdeckt. Bitte NICHT. Nicht mehr diese Aufregungen. Einer, der alles auf eine Karte setzt – sein Geld, seine Gesundheit und sogar seine Familie – und dafür auch noch bewundert wird, weil er ja so charmant ist, macht UNS nicht mehr happy. Das große Abenteuer mit Mr. Right wünschen wir uns kalkulierbar, es sollte uns nie in Gefahr und um unsere Existenz bringen. Mr. Right ist bodenständig, ganz *down to earth*.

Keinen, der nur von unserem Geld leben will

Der Schnorrer, der Parasit, der Faulpelz, ja, solche Typen gibt es auch noch unter den Männern unserer Generation. Und nicht zu knapp! ABER: Er hat keine Chance mehr bei uns. Wir wollen einen Mann, der selbstständig ist, der auch unabhängig von uns sein Leben führen kann. Wir wollen ja, dass sich jemand für UNS als Frau entscheidet – und nicht für seine Versorgung, die WIR garantieren. Es geht nicht allein ums Geld. Es geht um die Verantwortung, die jemand für sich selbst und für uns zu übernehmen bereit ist, wenn er ein Mr. Right sein will. Jemand, den wir durchfüttern müssen, kommt einfach nicht mehr in die Tüte. JETZT nicht mehr.

◢ Keinen, der nicht frei ist

Der Mann mit den traurigen Augen, der in seiner Ehe unglücklich ist, kriegt uns nicht mehr. Der Leidende, der über seine »schreckliche« Ehefrau schimpft, soll bitte woanders jammern, nicht bei UNS. Denn wehe, es wird ernst mit IHM. So schlimm, dass er sich scheiden lassen würde, ist es zuhause dann doch gar nicht. Nein, nie wieder so einen Mann, der mit uns etwas anfängt, aber sich am Ende nicht für uns entscheiden mag. Unser Mr. Right 50+ ist ein freier Mann. Nie wieder wollen wir die böse Frau sein, die fremden Kindern den Vater nimmt und der Mutter den Mann wegschnappt – wenn wir überhaupt schon einmal in dieser Rolle waren. Mr. Right ist ein Mann ohne Altlasten. Ohne zänkische Gattin, ohne eifersüchtige Kids. Mit der Trennung von seiner Ex wollen wir nicht in Verbindung gebracht werden. Mr. Right achtet seine früheren Partnerinnen. Er hat ein gutes Verhältnis zu seinen Kindern. Er sorgt dafür, dass WIR akzeptiert werden und die Nummer eins in seinem Leben sind. Machtkämpfe zwischen seinem alten und neuen Leben? Nein, danke. Wir wollen keinen Stress mehr!

Die Liste der Liebestabus ließe sich bestimmt noch weiterspinnen. Jeder Frau fällt eine andere Variante ein, die sie in ihrem Leben hatte und nicht mehr erleben möchte. Aber für Ihre Ausstrahlung in der Liebe ist es besser, wenn Sie sich auf die positiven Dinge konzentrieren – auf das, was Sie sich von Mr. Right heute WÜNSCHEN. Wenn wir uns gemeinsam in den No-Gos verlieren, besteht die Gefahr, dass wir an den Männern überhaupt kein gutes Haar mehr lassen. Und das wollen wir ja auch nicht. Wir wollen ja Mr. Right! Und wir haben noch Hoffnungen.

Was wir ERWARTEN dürfen – und was NICHT

Geben und Nehmen macht die Essenz eines guten Deals aus. Aber taugt diese Formel auch in der Liebe 50+? So anspruchsvoll, wie wir sein mögen, so selbstbewusst, wie wir uns jetzt aufstellen wollen, sollten wir eines nicht vergessen: Unsere Erwartungen in der Liebe JETZT kommen an Grenzen. Andererseits reicht unsere Bereitschaft, Kompromisse zu schließen, nicht unendlich weit. Mr. Right kann KEIN Mr. Perfect auf allen Gebieten sein. Das Anforderungsprofil an einen neuen Partner 50+ darf deshalb nicht überzogen sein. Aber es macht auch keinen Sinn, auf die Basics zu verzichten, die eine gute Beziehung braucht. Machen wir zu viele Abstriche, bleibt von einem Mr. Right kaum noch etwas übrig. Eine gute Taktik, die auf dem richtigen Gefühl für IHN und für UNS selbst beruht, ist JETZT gefragt. Ein Geben und Nehmen ist auch in der Liebe angesagt.

Wo sie ihre Ansprüche herunterschrauben kann, muss jede Frau für sich entscheiden. Jede setzt ihre eigenen Prioritäten. Aber jede hat auch die Chance, IHRE Vorstellungen zu überdenken. Unbewusst folgen wir immer noch dem Muster, wie der Traummann zu sein hat. Sehr allgemein formuliert schwingt da ein ungeschriebenes MUSS in Beziehungen mit: Wir müssen zu ihm hochschauen können. Was konkret bedeutet: ER muss uns an Bildung, Herkunft, Intelligenz, Status, Vermögen überlegen sein – oder es muss in diesen Punkten ein Gleichgewicht zwischen den Partnern bestehen.

Er muss also mehr Geld haben als wir – oder genauso viel. Er muss den gleichen Schulabschluss haben wie wir. Er sollte mindestens den gleichen gesellschaftlichen, beruflichen und familiären Status haben wie wir. Nur was können wir heute mit solchen Vorgaben anfangen? In der Realität sind sie alles andere als ein Erfolgsmodell. Das, was WIR in der Liebe gutheißen, lässt sich so nicht umsetzen. Und es wird JETZT auch immer schwieriger.

Gerade Frauen, die in allen Bereichen gut aufgestellt sind, bekommen deshalb Probleme. Es gibt nicht so viele ungebundene Männer, die ihnen überlegen sind oder mit ihnen auf einer Stufe stehen. Und dennoch verbeißen wir uns in dieses alte Denken, wer als Partner geht und wer nicht geht: Akademikerin nimmt nur Akademiker. Hauserbin verschmäht den Mann, der nichts hat und immer noch auf der Etage zur Miete wohnt. Erfolgreiche Businessfrau will keinen mittleren Beamten. Toughe Friseurin duldet nur einen Geschäftsmann an ihrer Seite und, und, und. Aber: Mit diesem Tunnelblick wird es nahezu unmöglich, einen Mr. Right mit 50+ zu treffen.

Außerdem: Wie verstaubt ist dieses Muster eigentlich? Sind wir nicht die Generation, die sich die Emanzipation auf die Fahnen geschrieben hat? Dazu gehört doch auch, frei zu sein von diesen alten Regeln. Kein Mann lebt danach. Männer lieben in der gesellschaftlichen Rangordnung so viel und so oft »nach unten«, wie es ihnen gefällt. Da können wir von ihnen lernen. Also, liebe Ladys, ab in die Mottenkiste mit diesen überflüssigen Vorbehalten. WIR Frauen 50+ schütteln sie JETZT ab.

Wer sagt denn, dass eine Universitätsabsolventin nur mit einem studierten Mann glücklich sein kann? Warum muss die gut verdienende Abteilungsleiterin unbedingt einen Partner haben, der ihr in seiner Position und seinem Verdienst in nichts nachsteht? Warum soll eine Frau mit Job nicht einen Langzeitarbeitslosen lieben, der gerade in einer Umschulung steckt und sich noch mal neu erfinden will? Und kann sich eine, die viel liest, wirklich nicht mit einem Handwerk-Freak unterhalten, der Stunde um Stunde an seinem Boot herumschweißt und streicht?

Zu unserem neuen Selbstbewusstsein gehört nicht nur, dass wir uns mehr Qualität in unseren Beziehungen wünschen. Sondern auch, wie wir Qualität heute definieren. Ob ein Mann ein Mr. Right ist, hängt nicht davon ab, ob er uns nach althergebrachten Grundsätzen das Wasser reichen kann. Denn ob er mit uns auf Augenhöhe ist, bestimmt sich nach neuen Kriterien. Nämlich nach den Maßstäben, die WIR jetzt festlegen. Ein Mr. Right ist der Mann, der uns glücklich macht. Einer, der uns respektiert, beschützt, bewundert. Einer, mit dem wir ein rundum angenehmes und schönes Leben gestalten können. Ob er von seinem Status zu uns passt oder so gebildet ist wie wir, spielt da nicht die alles entscheidende Rolle.

Ja, wir bleiben anspruchsvoll. Aber wir sind nicht ohne Maß. Und schon gar nicht sind wir arrogant. Denn Dünkel in der Liebe war schon immer ein schlechter Ratgeber. Bleiben wir also wählerisch – aber nach UNSEREM Gusto, nicht nach dem

Geschmack, den die Gesellschaft vorgibt. Wer ein Mr. Right ist, wissen nur WIR. Was zählt, sind wir allein – nicht die anderen. Die nächste Frage, die es zu klären gilt, lautet: Wo müssen wir nachgeben? Wie viel Kompromiss verträgt eine Liebe mit 50+? Und sind wir überhaupt bereit, Zugeständnisse zu machen? Der Satz »Das mache ich alles nicht mehr mit« ist ja schnell gesagt, wenn wir uns mit Freundinnen auf das Thema Mann einschießen. Nur wie klug ist diese starre Haltung? Macht uns das wirklich glücklich? Klar ist doch, dass es ohne Verständigung und Entgegenkommen auf beiden Seiten nicht geht. Auch jetzt ist – in moderater Weise – ein wenig Flexibilität vonnöten. Wenn wir nicht bereit sind, auf unser mögliches Liebes-Gegenüber zuzugehen, kann es sein, dass wir immer wieder scheitern. Aber das wollen wir nicht. Wir wollen ja mit Mr. Right zusammen sein!

Mit den Kompromissen 50+ ist es natürlich nicht mehr ganz so einfach. Manches lässt sich von vornherein als indiskutabel aussortieren. Das ist zum Beispiel der Fall, wenn er zu viel trinkt, untreu ist, das Geld verspielt, unser Selbstbewusstsein erschüttert, indem er ALLES besser weiß. Auch ein Choleriker, der bei jeder Kleinigkeit aus der Haut fährt, ist als Partner einfach unersprießlich. Ein Mann, der sich in einem oder mehreren Punkten als unverträglich erweist, kommt jetzt einfach nicht mehr infrage. Es wäre vergebene Liebesmüh, mit ihm auf eine gemeinsame Linie kommen zu wollen. Die Zeit für unzählige Versöhnungen, mehrere Versuche oder neue Anläufe als Paar sind jetzt einfach vorbei.

Manchmal werden in der ersten Verliebtheit auch Zugeständnisse gemacht, die sich dauerhaft nicht aufrechterhalten lassen. Wir sprechen dann von »faulen Kompromissen«, die wir heute ganz sicher nicht mehr brauchen. Was nicht gut gehen wird, muss natürlich jede Frau für sich entscheiden. Aber es ist wichtig, genau hinzuschauen – und nicht blind alles mitzumachen, nur weil ER es so will.

Beispiel: ER besteht darauf, nur Urlaub in den Bergen zu machen oder auf seinem Segelboot – obwohl SIE Höhenangst hat und nicht seefest ist. Wie will man sich mit einem solchen sturen Esel einigen? Er ist ein Ordnungsfanatiker, der die Pullover im Schrank linear stapelt und die Spüle zehnmal täglich schrubbt. Wollen wir solche zwanghaften Handlungen wirklich hinnehmen um des lieben Friedens willen? Das sind Gratwanderungen, die jede für sich allein bewältigen muss. Aber: Manchmal ist es besser, dass jeder so bleibt, wie er ist, und beide schnell wieder getrennte Wege gehen.

Es gibt aber auch viele gegensätzliche Interessen, bei denen wir mit etwas Goodwill auf beiden Seiten zusammenkommen können, wenn vieles andere gut passt. Wenn sein Schönstes das Fliegenfischen ist, wir aber lieber lesen und töpfern, gibt es drei Möglichkeiten: Entweder lassen wir ihn allein an den See gehen und freuen uns, dass wir Zeit für unsere Kunst haben. Oder wir kommen mit, setzen uns mit einem Buch ans Ufer und applaudieren aus vollem Herzen, wenn er Erfolg hat. Oder wir machen ihm zuliebe das Hobby einfach mit. Kompromisse können uns durchaus weiterbringen, vor allem wenn beide Seiten voneinander etwas annehmen und neu lernen.

Übrigens wird es nicht zwingend einfacher, wenn beide gern dasselbe machen. Ähnliche Interessen können von Vorteil sein, müssen es aber nicht. Auch steht nirgends geschrieben, dass die Charaktere und Temperamente identisch sein müssten, um miteinander glücklich zu werden. Es ist nicht so, dass der Eigenbrötler nur mit einer Einsiedlerin glücklich wird – oder der Tausendsassa unbedingt eine Partymaus braucht. Ziemlich unwahrscheinlich ist auch, dass zwei verbiesterte Nervensägen zusammen happy werden. Soll heißen: Die Ähnlichkeit von Persönlichkeiten sagt nichts über die Qualität und Erfolgschancen ihrer Liebesbeziehungen aus. Zu diesem Ergebnis kommt der Sozialpsychologe Professor Dr. Manfred Hassebrauck. In seinem Buch »Der kleine Liebesberater« (Stuttgart 2012) schreibt er: »Die Persönlichkeit eines Beziehungspartners wirkt im Guten wie im Schlechten völlig unabhängig von der Persönlichkeit des Anderen.«

Also, liebe Ladys, ER muss nicht sein wie WIR. Und wir müssen keine Frau nach seinem Bild werden. Aber wir müssen uns mit ihm vertragen und es gut zusammen mit ihm aushalten können. Wenn sich ein gutes Miteinander nicht sofort einstellt, gilt die alte Weisheit: »Probieren geht über Studieren.« Aber bitte nur, wenn er ein vielsprechender Typ ist und die Verliebtheit groß.

Ist ER ein Mr. RIGHT?

Diese Frage ist eine für das stille Kämmerlein. Die können wirklich nur wir selbst beantworten. Unser Herz – und unser Kopf. Wir sind unser eigener Seismograph und wittern jedes kleinste Gefühlsbeben. Mit 50+ haben wir sehr feine Antennen dafür, ob es mit einem Mann funktionieren wird oder nicht. Ja, wir achten JETZT auch auf unsere Intuition und andere Signale.

Neben allen Tabus und No-Gos, die bei der Wahl unseres Partners mitspielen, gibt es noch andere deutliche Hinweise, die wir nicht einfach übergehen sollten. Anzeichen, dass der neue Mann kein Mr. Right ist, können auch körperlicher Art sein. Und zwar in Form von Symptomen, die bei uns auftreten, seit wir ihn kennen. Die neue Beziehung bereitet uns Bauchschmerzen, Schwindel, Krämpfe, Kreislaufstörungen, Migräne etc. Vielleicht träumen wir nachts schlecht oder sind ständig unruhig, seit wir mit ihm zusammen sind. Nicht immer muss da ein direkter Zusammenhang bestehen. Aber es KANN so sein. Spüren wir deshalb auch unserem persönlichen Befinden nach. Das gilt auch, wenn wir bemerken, dass wir uns nicht ganz für ihn entscheiden können. Wenn wir hadern, zweifeln, angespannt sind, wenn es um IHN geht. Es kann ein Wink sein, den neuen Kerl ganz schnell wieder auf die Reise zu schicken. Geht's uns danach wieder gut und weicht der Druck, wissen wir, dass wir das Richtige getan haben.

HEUTE geht es ja nicht darum, ob wir ihn heiraten wollen. Die Frage aller Fragen stellen wir selbst – und zwar UNS selbst. Und sie lautet: Passt dieser Mann wirklich in mein Leben? Nicht, was die anderen sagen, ist dabei wichtig, sondern nur, wie WIR es sehen. Mit 50+ werden wir keine Beziehung mehr gegen alle unsere Bedenken und unsere Zweifel eingehen. Wir halten nicht mehr an etwas fest, was uns nicht bekommt. Dickkopf war gestern. Heute schalten wir schnell, wenn es nicht läuft.

Was uns erkennen lässt, dass wir einen Mr. Right gefunden haben, ist relativ einfach: Das Zusammensein mit ihm gestaltet sich entspannt. Wir sind nicht »auf Krampf« mit ihm zusammen. Er gibt uns Ruhe und die Gewissheit, dass dieses Gefühl auch Bestand hat. Wir denken nur an ihn. Uns interessieren andere Männer einfach nicht mehr. Über wichtige Dinge wollen wir zuerst mit ihm sprechen. Uns fallen nur positive Dinge ein, wenn wir über diesen Mann sprechen wollen. Wir möchten ihn unseren Freunden und der Familie vorstellen, und zwar ohne dabei die Sorge zu haben, dass er nicht ankommt. Wir spüren, dass es besser nicht geht als mit IHM. Ja, wenn es sich so anfühlt, dann haben wir Mr. Right!

Und wenn sich herausstellt, dass der Mann, den wir getroffen haben, doch nicht Mr. Right ist? Ja, was soll uns dann schon geschehen? Gar nichts! Wir wissen doch, dass wir auch ohne Mann unser Leben im Griff haben. Wir können auch ALLEIN. Liebe Ladys, wenn wir uns das immer wieder bewusst machen, stellen sich die notwendige Gelassenheit und Sicherheit ein, um auf den RICHTIGEN zu warten – und die richtigen Entscheidungen zu treffen, wenn wieder mal ein Kandidat für ein ganzes Leben in unser Leben schneit.

Noch mal in wenigen Worten: Wer ein Mr. Right sein kann, sehen wir heute sehr viel schneller als früher. Wir haben genaue Vorstellungen davon, wie er sein muss. Uns sind die Basiswerte wichtig, die man für eine gute Beziehung braucht. Mr. Right muss verträglich sein, respektvoll, höflich, tolerant, treu, gefühlvoll, aufmerksam – und er muss ein freier Mann sein oder es schnell werden. Das sind Eigenschaften, die eigentlich jeder Mann mitbringen kann. Wir erwarten ja nichts Außergewöhnliches. Und: Wir wissen auch sehr genau, was wir heute nicht mehr dulden wollen. Auch hier gibt es klare Abgrenzungen. Jedoch überprüfen wir auch unsere Ansprüche an einen neuen Mann. Wir wissen, dass wir manche Erwartungen vielleicht herunterfahren müssen. Und wir sehen auch ein, dass manche Kompromisse notwendig sind. Wenn wir uns vergegenwärtigen, worauf es für uns HEUTE in der Liebe ankommt, erlangen wir mehr Selbstbewusstsein. Wir werden sicherer, den für uns richtigen Partner zu erkennen und auszuwählen.

So sieht es Professorin Dr. Pasqualina Perrig-Chiello

Die Entwicklungspsychologin und Psychotherapeutin hat das Buch »Wenn die Liebe nicht mehr jung ist. Warum viele langjährige Beziehungen zerbrechen und viele andere nicht« (Bern 2017) geschrieben und ist Präsidentin der Seniorenuniversität Bern.

Claudia Hagge: Warum ist es gerade für Frauen in der Zeitphase 50+ so schwer, auf einen Partner zu treffen, mit dem sie eine neue glückliche Beziehung führen können?

Professorin Perrig-Chiello: Abgesehen davon, dass es ab 50 mehr Frauen als Männer gibt, spielen noch weitere Faktoren eine Rolle: Frauen haben höhere Ansprüche an ihre Partner. Sie heiraten in der Regel nicht »nach unten« – weder sozial noch finanziell noch altersmäßig. Dies ganz im Gegensatz zu Männern, die hier zumeist keine spezifischen Ansprüche haben. Außerdem sind Männer in einem bestimmten Alter aufgrund ihrer Lebenserfahrung, ihres Status und ihrer finanziellen Möglichkeiten attraktiv – und zwar für Frauen aller Altersstufen, vor allem auch für jüngere. Diese Eigenschaften, welche bei Männern als attraktiv gelten, werden bei Frauen gleichen Alters als wenig attraktiv taxiert.

Wie groß ist die Chance, in dieser Lebensphase noch einmal eine neue Liebe zu einem Mann zu finden?

Unsere Forschungsresultate zeigen Folgendes: Die meisten Frauen wünschen sich nach einer Scheidung eine neue Beziehung. Die Wahrscheinlichkeit, diesen Wunsch zu realisieren, hängt vom Alter ab und natürlich von der Persönlichkeit der Frau.

Wie »tauglich« sind die Männer 50+, wenn es darum geht, eine Frau JETZT glücklich zu machen? Sind sie überhaupt noch willens, nach einem eigenen langen Vorleben in eine Beziehung zu einer etwa gleichaltrigen Frau zu investieren?

Viele Männer können schlecht mit Einsamkeit umgehen und so ist es ihnen ein Anliegen, rasch aus dieser Situation herauszukommen. Dabei kommt es zuerst auf die Persönlichkeit des Betroffenen an. Ist er offen für Neues, ist er ein verträglicher Typ, hat er ein echtes Interesse an einer neuen Verbindung – oder will er nur vor seiner Einsamkeit fliehen? Weiter hängt es davon ab, ob er die frühere Beziehung einigermaßen abgeschlossen hat. Es sollte kein Rosenkrieg mehr im Gange sein und er sollte seiner Ex-Frau auch nicht mehr nachtrauern. Zudem gilt es, die häufig unterschiedlichen Vorstellungen einer festen Partnerschaft bei Frauen und Männer vorher gut auszuloten.

Was macht Frauen selbst zur richtigen Gefährtin für den von ihr ersehnten Partner?

Sie sollte ein hohes Selbstwertgefühl haben, eigene Interessen verfolgen, selbstständig sein – und nicht partout eine Partnerschaft suchen! Eine Frau, die verzweifelt sucht und klammert, ist für Männer in der Regel nicht attraktiv.

Sind Frauen auch »selbst schuld«, wenn sich keine Liebesbeziehung entwickelt, obwohl sie eine interessante Begegnung und eine Phase der Verliebtheit mit einem Mann erlebt haben?

Auch wenn es vom anderen abhängt, kann Frau einen Anteil haben, zum Beispiel wenn ihre alte Beziehung nicht richtig abgeschlossen ist. Sie sollte wieder bei »sich selbst« sein und ihre Identität neu definiert haben, bevor sie eine neue Beziehung beginnt. Und ein neues Glück scheitert bei ihr auch immer wieder daran, dass sie zu hohe Ansprüche an ihren Partner hat.

Welche Fehler konkret machen Frauen mit 50+, wenn sie Single bleiben und offensichtlich kein Glück in der Liebe haben?

Sie haben häufig zu hohe Erwartungen. Sie vergleichen den Neuen mit dem Ex. Sie gehen eine Beziehung ein, um nicht einsam zu sein. Oder sie klammern zu sehr. Und es muss immer der »Richtige« sein.

Was ist Ihrer Meinung nach daran verkehrt, DEN Richtigen zu wollen?

Die Zielsetzung, DEN Richtigen zu finden, halte ich für überrissen. Es gibt wohl mehrere »Richtige«. Diese Exklusivität ist jungen Verliebten eigen. Doch die Lebenserfahrung zeigt, dass es verschiedene mögliche Richtige gibt. Lassen Sie sich doch überraschen – das steigert die Chancen!

Wie müssen Frauen selbst aufgestellt sein, um mit 50+ noch einmal einen Richtigen zu finden und zu erleben?

Frauen in dem Alter sollten zuerst mal folgende Fragen für sich beantworten: Was sind meine persönlichen Ansprüche? Wie viel soll ich wert sein und was ist mein Marktwert und was bin ich mir selber wert? Selbstbewusste haben die besseren Karten in der Hand. Dies im Gegensatz zu jenen, die unsicher oder verzweifelt auftreten, welche die Liebe oder Sexualität zu früh oder zu sehr betonen. Dieses Verhalten wird als ungünstiges Signal für eine tragfähige Beziehung gesehen. Ich empfehle, neue soziale Netze und enge Freundschaften zu entwickeln und das Selbstwertgefühl wieder herzustellen. Die Frauen sollten eigene Pläne haben, ihr ungeduldiges Verlangen nach einer festen Beziehung zügeln, Misserfolge einplanen. Und nur keine Torschlusspanik haben! Denn sollte das alles nicht klappen, dann sollte man sich vergegenwärtigen, dass gemäß des U.S. Census Bureau Zweitehen zu 60 Prozent mit einer erneuten Scheidung enden.

9

Ist er auch ein Mr. Right im Bett?

Wie muss Sex sein? Wie sollte Sex nicht sein? Wie ist er richtig? Wie falsch? Wer ist ein *good boy* und wer ist ein *bad boy* im Bett? Wie wichtig ist Sex überhaupt NOCH? Fragen über Fragen. Aber sind das heute ernsthaft die richtigen? JA. Und noch einmal JA. Ob sich unser Herzbube beim Tête-à-Tête nun als *right or wrong* erweist – diese aufmerksame Musterung können wir ihm bei aller Sympathie nicht ersparen. Leider. Auch JETZT mit 50+ nicht. Er schaut ja genauso, ob es für ihn mit UNS passt! Und das ist vollkommen okay.

Wie gut oder wie weniger gut es mit uns läuft, entscheidet mit, ob wir zusammen glücklich werden oder eher nicht. Dazu brauchen wir keine Umfragen und keine Studien, die uns das sowieso alles bestätigen. Unsere Lebenserfahrung reicht. Wie zufrieden wir mit uns selbst und in einer Beziehung sind, hängt nicht unwesentlich davon ab, wie unser Sex mit IHM ist. Beides bedingt sich gegenseitig: Wenn es mit dem Mann an unserer Seite nicht wirklich erquicklich läuft, hat dies störenden Einfluss auf unsere Partnerschaft. Und haben wir ganz andere Schwierigkeiten miteinander, wirkt sich dies belastend auf unser Liebesspiel aus. Das wissen wir HEUTE.

Wie wichtig ist Sex JETZT?

Sex spielt eine bedeutsame Rolle. Und es ist schon verwunderlich, dass dies überhaupt so herausgestellt werden muss. Sexualität ist ja ein ganz natürliches Verlangen, für das es kein Haltbarkeitsdatum gibt. Und schon gar nicht brauchen wir uns dafür zu rechtfertigen, dass wir ES noch wollen. »Ich denke, die meisten Menschen machen sich nicht klar, dass man seine Sexualität aufrechterhält, bis man stirbt«, sagte Glenn Close, 70 Jahre, anlässlich der Kinopremiere für den Film »The Wife«. Er beginnt mit einer sehr freizügigen Szene, in der sie in ihrer Rolle mit ihrem Film-Ehemann, dargestellt von Jonathan Pryce, zu sehen ist. Als lustig und real empfand die selbstbewusste wie eigenwillige Schauspielerin diesen Akt. Und sie schwärmte, ihr Kollege sei wunderbar gewesen. Ja, so kann es sein. Nicht nur im Film! Sex JETZT ist großartig, wenn es stimmt zwischen UNS und unserer neuen Flamme.

Aber ist das auch wirklich überall angekommen? Man kann daran zweifeln. Denn viel von dem, was in der öffentlichen Debatte mit Erotik jenseits der 50 zu tun hat, ist mit einer Betulichkeit behaftet, die uns wirklich nicht gerecht wird. Wer kann sich da wiederfinden in den Zeitungsstorys oder Online-Veröffentlichungen über Sex mit 50+? Denn oft entsteht der Eindruck, wir seien in Sachen Sex ziemlich prüde. Irgendwie postsexuelle Feen, die – oh Wunder – zwar noch Lust haben, aber ziemlich gehandicapt sind, und das auch noch in mehrfacher Hinsicht. Und am liebsten, so steht es geschrieben, würden wir darüber den Mantel des Schweigens breiten und uns mit den unbefriedigenden Gegebenheiten arrangieren.

Ganze Seiten füllen die Listen UNSERER und auch SEINER Störungen jeglicher Art, die dem Sex mit 50+ angeblich entgegenstehen. Aber wird da nicht der Teufel an die Wand gemalt? So arg kommt es doch gar nicht. Zumindest nicht bei jedem. Glaubt man den unheilvollen Prophezeiungen, müssten alle gemeinsamen Bemühungen im Bett in einem einzigen großen Malheur enden. Die Ursachen für das erotische Desaster 50+ ist demnach unsere Biologie. Alles Mögliche verändert sich in dieser Lebensphase – mit Folgen für unser Sexleben. Von Rückenproblemen bis Hormonumstellungen ist die Rede, von Gefäßverengungen, Fehlfunktionen, Rückbildungen und einem falschen Körpergefühl, von Scheu und Schüchternheit, Versagensängsten und anderen psychischen Barrieren wie Lustlosigkeit und, und, und. Also, ein ganzes Paket an Mangelzuständen auf beiden Seiten, das erst mal überwunden werden muss, bevor wir überhaupt loslegen können. Für die besonders hartnäckigen Fälle wird eine Therapie empfohlen, die mit allen Tricks – vom richtigen Atmen bis zum stärkenden Turnen – zum Glück verhelfen soll.

Pures Erstaunen überall, dass ES heute überhaupt noch stattfindet. Ja, beim Lesen von Beiträgen zum Thema Sex mit über 50 kommen wir aus dem Lachen – oder aus dem Weinen – nicht mehr heraus. Sex heute ist nicht mehr einfach Sex, sondern *silver* Sex. Und wenn man UNS im Zusammenhang mit Sex meint, wird immer von »der älteren Generation« gesprochen. Überhaupt sei körperliche Liebe ja eigentlich ein Tabuthema für uns. Eine der lustigsten Schlagzeilen in Sachen Sex lautete: »Sexualität im Alter: Senioren unterschätzt.« Herrje, wer lässt sich denn nur so etwas einfallen?

Okay, wir wollen nicht kleinreden und nicht ignorieren, was sich bei UNS und bei den MÄNNERN verändert haben mag oder hat oder theoretisch wandeln könnte oder wird. Aber die dargestellte Dichte unserer Sex-Stolpersteine und die gewählte Sprachmelodie bei diesem Thema sind nicht nur falsch, nein, sie sind kränkend und verletzend und sehr entmutigend zugleich. Welche Frau (und welcher Mann) soll sich dadurch angesprochen fühlen? Völlig deplatziert kommen WIR uns vor, wenn wir uns unter dem Stichwort »ältere Leute« wiederfinden – und das auch noch im Kontext von Liebe.

Ja, ich muss mich wiederholen: Es gibt keine ÄLTEREN Frauen. Es gibt Frauen. Und Frau bleiben wir bis zum Schluss. Wann bitte geht das in die Köpfe hinein? Frau sein und einen Mann lieben, das geht immer – und zwar ganz ohne den Zusatz »älter«. Ob 17 oder 70, unsere EMPFINDUNGEN bleiben. Und damit der Spaß am Sex.

Was Sex mit uns MACHT

JEDE Frau ist auch ein sexuelles Wesen. Unsere Sexualität wird eine Rolle spielen, solange es uns gibt. Gefühlt, aber nur GEFÜHLT, ist es ja so, dass Männer viel aktiver sind und WIR uns so langsam – natürlich vollkommen ungewollt – sexuell zurückziehen. Warum uns das so vorkommt, hat wohl mehrere Gründe. Vielleicht liegt es daran, dass Männer MEHR darüber reden. Vielleicht haben wir auch zu viele Storys mit der Überschrift »Was Männer wollen« gelesen. Aber das, was wir erfahren und lesen zum Thema Sex und Männer und unsere Schlüsse daraus, sind nicht nur falsch. Vor allem entsprechen sie einfach nicht unserer Energie mit 50+. Denn natürlich träumen auch WIR. Auch wir wollen was. Wir posaunen es nur nicht so laut hinaus. Wir fordern es vielleicht auch zu wenig ein. Und es mag ein Fehler sein, wenn nichts mehr läuft, es dabei zu belassen. Nur wird dies JETZT mit einem neuen Mann in unserem Leben anders sein. Bei Sex-Flaute wird HEUTE niemand mehr viel Nachsicht von uns erwarten können. Mit der Kopf-in-den-Sand-Haltung wird keiner mehr durchkommen. Falls er es dennoch versucht, muss uns klar sein: Ja, er ist ein Mann – aber KEIN Mr. Right!

Sex ist zu wichtig, als ihn einfach ad acta zu legen. Schauen wir uns doch einmal ganz genau an, auf was wir verzichten, wenn wir ES nicht mehr tun. Sex ist ja nicht nur ein Verlangen, das gestillt werden möchte. Sex ist eine Glücksdroge. Sex ist ein Medikament. Sex ist überlebenswichtig. Denn Sex hält uns fit und gesund. Körperlich, geistig, seelisch. Der italienische Sexualforscher Emmanuele Jannini von der Tor Vergata Universität in Rom hat einen Kausalzusammenhang zwischen Sex und Gesundheit festgestellt, wie in der »Welt« am 6.5.2011 online zu lesen war. Herzfrequenz und Blutdruck steigen beim Geschlechtsverkehr in dem gleichen Maß wie beim forschen Walken. Damit ist Sex perfekt, um unser Herz funktionstüchtig zu halten.

Außerdem fand der Forscher heraus, dass Sex einer Depression vorbeugt. Wer Sex hat, produziert das Hormon Testosteron. Dieser Stoff hebt unsere Stimmung oder hält sie im Gleichgewicht. Haben wir keinen Sex mehr, schüttet unser Organismus weniger davon aus, entsprechend sinkt unser Glücksgefühl-Pegel.

Zu dieser hormonellen Balance gesellt sich ein weiterer Aspekt, der Liebespaaren einen immensen Vorteil bringt. Fühlen wir uns sexuell zufrieden miteinander, sind wir uns sehr nahe. Wir sind dadurch in einer Weise zusammen, wie wir es mit keinem anderen Menschen sind. Es ist DAS Exklusivmerkmal unserer Beziehung. Wenn wir Sex miteinander teilen, schließen wir andere aus dieser Sphäre aus. Sex unterscheidet unsere Verbindung von allen anderen. Wir sind ja mehr als nur Freunde. Wenn es gut bei uns läuft, schauen wir auch nicht nach Ersatz- oder Nebenpartnerschaften. Wir sind immun gegen Avancen von außen. Guter Sex festigt also den Zusammenhalt in einer Liebe. Er streichelt unsere Seele.

Keineswegs gilt dabei die Regel, dass wir jeden Tag Sex miteinander haben müssen. Es ist egal, ob es einmal oder zehnmal die Woche passiert. Es gibt keine zahlenmäßige Norm, wie oft wir Sex haben müssen, um miteinander zufrieden zu sein. Wichtig ist, dass keiner von beiden das Gefühl hat, zu wenig Sex (oder zu viel davon) zu haben. Der Sozialpsychologe Professor Dr. Manfred Hassebrauck hat das in seinem Buch »Der kleine Liebesberater« so formuliert: »Wichtig ist, dass die *tatsächliche* Häufigkeit von Sex mit der *gewünschten* Häufigkeit übereinstimmt.« Und natürlich ist es der Himmel auf Erden, wenn beide zeitgleich Lust haben. Kurzum: Guter Sex macht glücklich und Glück ist der größte Anti-Aging-Faktor, den es gibt.

Sex ist zudem ein Allrounder für unsere Energie. Wenn Sex uns fit macht, unser Immunsystem auf Trab und unsere Nerven in Schach hält, gewinnen wir noch viel mehr als die benannten Vorteile: Wir haben ein sehr viel besseres Lebensgefühl. Wir werden wacher, interessierter, aktiver. Wir trainieren unsere Sinne, nehmen sehr viel mehr auf und erfahren mehr Anregung. Sex kann unsere Kreativität wecken oder fördern. Sex macht uns klüger, weil wir besser denken können. Und er gibt uns eine tolle Aura, die uns anziehend macht. Und nicht zuletzt gibt uns Sex Power, die uns JUNG hält.

Sex ist DER Cocktail, der gute Laune macht, ohne zu schaden. Damit kann Sex – im besten Fall – der Schlüssel sein, happy und fit alt zu werden. In jedem Fall wird Sex JETZT immer wichtiger. Und deshalb muss der Mann an unserer Seite HEUTE mitmachen wollen. Tut er es nicht, kann er kein Mr. Right sein – es sei denn, wir machen uns nichts daraus, was es bei jeder sex-abstinent lebenden Frau zu respektieren gilt. Aber: Die Frau, die Sex schon immer wichtig fand, wird JETZT nicht darauf verzichten wollen. Nein, sie macht weiter, gern weiter. Es muss nur der Richtige für dieses Vergnügen zur Stelle sein.

Ist er nun RIGHT oder eher doch NICHT?

Kann er nicht? Oder will er nicht? Oder will er nicht, weil er nicht kann? Oder kann er nicht, weil er nichts ändern will? Das Rätsel, warum es möglicherweise nicht mit ihm funktioniert, lässt sich heute ziemlich schnell lösen. Denn es wird immer schwieriger, das Märchengebilde vom sexgesteuerten, allzeit potenten Mann aufrechtzuerhalten, je mehr Mr. Right in die Jahre kommt.

Das ist eine Tatsache, die von der Wissenschaft unisono bestätigt wird. So sind die Ergebnisse, so ist es in jedem Medizinbuch nachzulesen. Die Zahlen der Forscher weichen zwar immer mal etwas voneinander ab, doch der Trend ist klar und unbestritten. Wenn ER über 50 ist, wird es schon weniger, nach dem 60. Geburtstag verringert sich seine »sexuelle Aktivität« dann ganz deutlich.

Grund für sein plötzliches Desinteresse ist häufig die »erektile Dysfunktion«. Jeder zweite Mann über 60 gibt an, »gelegentlich oder häufig an Impotenz zu leiden«, zitiert die Schweizer Psychologie-Professorin Pasqualina Perrig-Chiello eine Studie dazu. Diese Einschränkung nehmen Männer bereits schon viele Jahre vorher im Alter zwischen 50 und 60 wahr – wenn auch noch nicht in diesem Ausmaß. In 20 bis 30 Prozent der Fälle liegt ein psychisches Problem zugrunde, zum Beispiel die Sorge, beim Sex zu versagen, oder den Mann belastet eine bedrückende Lebenssituation. Das umfassendere Problem seien aber organische Ursachen, die beispielsweise durch Diabetes, Bluthochdruck, Rauchen, Trinken, Stress, einen Hormonmangel oder auch durch eine schwerwiegende akute Erkrankung ausgelöst werden.

Mit diesen Fakten sind nicht nur die Männer konfrontiert, sondern auch WIR, wenn wir uns JETZT auf den Weg zu Mr. Right machen. Allerdings wollen wir uns hier in allen Einzelheiten damit nicht befassen. Es ist ja in erster Linie SEIN Problem – nicht unsere Angelegenheit. WIR haben ja mit uns selbst genug zu tun. Also, wenn da etwas ist, was nicht geht oder nicht steht, bitte, liebe Ladys 50+, schicken Sie IHN zum Arzt. Nur ein Experte kann ergründen, wo der Hase im Pfeffer liegt. Erst dann kann er auch helfen. Ein Mr. Right wird sich darauf einlassen – allein deshalb, weil er es mit UNS schön haben will.

Ja, es ist ein sehr kühl anmutender Automatismus, der sich da in die Liebe 50+ einschleicht. Eine Haltung, die wirklich sehr unromantisch und herzlos daherkommt. Frei nach dem Motto: »Wenn Liebemachen nicht mehr geht, dann ab mit dir zum Doc.« Nur was kann die Alternative sein? Stillstand beim Sex? Frustration? Resignation? ER kann nicht, also lassen wir es? Nein, genau DAS wollen wir heute nicht mehr. Wir sagen, was wir uns von ihm wünschen. Diese neue Freiheit nehmen wir uns nun. Und dabei geht es um sehr viel mehr als um das Funktionieren der Männer beim Sex. Das Höchste unserer Gefühle bedeutet heute etwas ganz anderes als früher. Es ist die REIFE, mit der wir heute eine Liebe angehen. Wir haben eine andere Einstellung zu unseren Gefühlen. Wir achten darauf, dass wir das Schöne bewahren. Und genau diese erwachsene Haltung in einer Beziehung erwarten wir auch von IHM.

Dazu gehört zum einen, dass wir ehrlich damit umgehen, wenn etwas nicht harmonisch läuft. ER muss also in der Lage sein einzugestehen, dass er momentan eine Schwäche hat, die behandelt oder zumindest untersucht werden sollte. Dazu gehört aber, dass er SEINEN Teil der Verantwortung erkennt und übernimmt. Es ist so, wie es ist – daran führt nun mal kein Weg vorbei – und wir bestehen darauf, dass er aktiv wird. Wir bewegen uns ja auch, wenn es sein muss. Unsere Haltung in der Liebe ist: Du hast ein Problem, ich habe ein Problem, wir haben ein GEMEINSAMES Problem, das wir lösen werden. Nur ein Mann, der sich für unser Wohlergehen zu zweit einsetzt, ist auch ein Mr. Right. Der erste Schritt dazu: Er sucht den Fachmann auf und lässt sich beraten, wenn da etwas ist, das bei UNS seinetwegen hakt. Doch soweit muss es gar nicht erst kommen!

Das Zauberwort heißt VORBEUGUNG. Das ist – auch in Sachen Sex – meistens schon sehr viel mehr als die halbe Miete. Guten Sex haben diejenigen, die bei ordentlicher Gesundheit sind. Mr. Right wird deshalb alles unternehmen, um fit zu bleiben. Das dürfen wir von ihm erwarten – für UNSER Glück, für SEIN Glück und vor allem für unser GEMEINSAMES Glück.

Sein Fahrplan in Sachen Sex erweist sich als erstaunlich simpel, da sind sich die Mediziner einig. ER braucht eigentlich nichts weiter zu tun, als ein gesundes Leben zu führen. Ja, die Gleichung ist wirklich ganz einfach. Sie muss auch keinem Mann Angst machen. Und sie lässt sich leicht vermitteln. Sie lautet: Pass auf dich auf, dann bist du potent und hast die besten Chancen, ein Mr. Right im Bett zu sein! Es ist wirklich lächerlich leicht, beim Sex ziemlich *right* seinen Mann zu stehen. Eigentlich. Davor muss kein Mister Sex 50+ Bammel haben.

Die Formel im Ganzen lautet: Sport machen – das sorgt für eine gute Durchblutung. Schlank bleiben – das verhindert einen erhöhten Zuckerspiegel und sorgt für eine funktionierende organische Mechanik. Auf das Rauchen verzichten – das hält die Blutgefäße sauber. Mittelmeerkost wie Fisch, Gemüse, Obst, Olivenöl – das regt alle Funktionen an, die mit sexueller Energie zu tun haben. Zu viel Alkohol meiden – dann macht er nicht schlapp. Übermäßig viel Adrenalin durch Stress und Ärger runterfahren – dann ist er entspannter im Bett. Den Testosteronspiegel in Balance halten – das sorgt für mehr Lust und virile Kraft.

Wenn ein Mann 50+ dies beherzigt, tut er viel dafür, um lange in guter Verfassung und Form zu bleiben. Ob er damit auch gleich der Lover sein kann, der uns um den Verstand bringt, steht auf einem ganz anderen Blatt. Auch stellt sich die Frage, wie viel wir überhaupt von unserem Liebespartner erwarten dürfen. Ist nur derjenige ein Mr. Right, der allzeit bereit IST und WILL und KANN?

Also, liebe Ladys, da wollen wir jetzt mal nicht so sein. Fassen wir uns lieber selbst an die Nase. Sex ist ja keine Leistungsschau. Auch WIR sind nicht an jedem Tag gleich gut drauf, da sollten wir unsere Ansprüche an IHN nicht zu hoch schrauben. Das würde ihm nur Angst machen, sodass am Ende er und wir zusammen überhaupt nichts mehr zustande bringen. Beim Check, ob er auch ein Mr. Right im Bett ist, geht es ja nicht darum, ob wir neben Mister Universum aufwachen. Diese Erwartung wäre heute ziemlich naiv. Aber einen Mann, der uns GRUNDSÄTZLICH glücklich machen kann, einen solchen dürfen wir verlangen. Ein Mann, der seine Fitness hält, achtet ja nicht nur seinen Körper – er achtet UNS. Ja, guter Sex hat auch etwas mit RESPEKT zu tun – sich selbst und dem Partner gegenüber. Das ist HEUTE die Kür im Bett.

Womit wir bei der nächsten Voraussetzung wären, die ein Mr. Right mitbringen sollte. Sie muss bereits dann vorhanden sein, wenn von Sex überhaupt noch nicht die Rede ist. Mr. Right muss sich schon lange vorher ins Zeug legen. Sex ist ja nicht nur ein zeitlich begrenzter Akt. Sex beginnt viel früher – mit einem Vorspiel, das ein Mr. Right perfekt beherrschen wird. Und es ist nicht DAS, an das Sie jetzt denken, liebe Ladys.

Streng dich an, Burschi

Mein Lieblingsspruch im Küchenalltag heißt: »Kochen beginnt mit dem Einkaufen. Nicht erst, wenn wir am Herd stehen.« Auch auf die Zutaten kommt es an, wenn ein Gericht gelingen soll. So ist es auch beim Sex. Die Qualität dieser Ingredienzien lassen sich aber nicht nach den gängigen Normen bestimmen, die wir immer wieder zu lesen bekommen. Bei den Fragen »Wie oft?«, »Wie lang?«, »Wie stark?« oder »Wie dauerhaft?« geht es ja nur um das messbare Ergebnis einer körperlichen Beschaffenheit oder Aktion. Aber Sex ist viel mehr als das. Sex beginnt lange, bevor es eigentlich losgeht. Zum Sex gehört bereits die Art und Weise, wie wir einander begegnen. Die Frage ist also nicht, wie oft wir können und wie dauerhaft und mit welchen Body-Maßen. Die Frage ist vielmehr: Wie gut ist die Qualität unseres Umgangs miteinander? Zum Sex gehört auch das, was über die organischen Funktionen hinausgeht.

Konkret auf Mr. Right bezogen heißt das: Wie benimmt er sich uns gegenüber? Ist er liebevoll – oder gleichgültig? Sorgt er sich um uns – oder denkt er nur an sich? Sein Verhalten ist bereits die Ouvertüre zu unseren intimen Stunden. Und es gibt mit eine Antwort auf die entscheidende Frage, ob tatsächlich der richtige Mann neben uns liegt.

- *Mr. Right im Bett ist ein Traumpartner, wenn es um die kleinen Aufmerksamkeiten im täglichen Zusammenleben geht. Er zeigt uns immer wieder, wie sehr er uns achtet. Wenn er heimkommt, lässt er sich nicht wie ein Pascha in den Sessel fallen. Er greift zum Staubsauger, hilft beim Einkaufen und Abwaschen. Er schaut, ob immer eine Flasche von unserem Lieblingswein im Kühlschrank steht. Er überrascht uns mit einem Blumenstrauß in unseren Lieblingsfarben. Er lässt den Fernseher ausgeschaltet und stellt das Handy stumm, weil ihm ein Gespräch mit uns wichtiger ist, als sich mit anderen Eindrücken abzulenken. Ein Mr. Right im Bett versteht es, eine Grundstimmung zu erzeugen, die eine negative Spannung zwischen uns ausschließt.*
- *Mr. Right weiß, dass unsere Beziehung ein wunderbares, kostbares Geschenk ist – und er möchte es hüten. Er weiß, dass eine Liebe sehr fragil ist – und geht entsprechend vorsichtig mit ihr um. Wenn man nicht auf sie aufpasst, kann sie schnell zerbrechen. Die neue Liebe bringt unsere alten Träume zurück, die wir in den Jahren zuvor vernachlässigt oder aus unserem Beziehungsrepertoire hinauskomplimentiert haben. Aber JETZT ist alles wieder da: Herzklopfen, übersprudelndes Lebensglück, die Lust, neu anzufangen. Ja, wir wollen diese Liebe LEBEN. Mit einer neuen Beziehung fühlen wir uns wie neugeboren. Dieses Gefühl weiß ein Mr. Right zu erhalten. Er nimmt UNS nicht selbstverständlich hin. Er stellt alles Mögliche an, damit das Feuer zwischen uns nicht erlischt. Mr. Right im Bett ist ein Mann mit Fantasie und Einfühlungsvermögen. Er hat Respekt vor uns und behandelt uns mit charmanter Achtung, damit die spannende Energie zwischen uns bleibt.*
- *Mr. Right ist ein Zauberer. Er kann die Zeit anhalten. Gleichgültig, wie viel er zu tun hat, er sagt »Stopp« und plant ausgiebige Pausen ein – für UNS. Er hat nicht immer*

irgendetwas anderes Wichtigeres zu tun. Er verabredet sich mit uns – zum Sex! Und hat verstanden, dass Sex, abgesehen von Quickies, einen besonderen Moment, Ruhe und Romantik braucht. Er plant ein schönes Wochenende. Er geht mit uns abends essen, um uns danach ins Paradies zu entführen. Er überrascht uns mit einem Glas Champagner und Kerzenschein und stellt das Telefon aus ... Das alles macht er regelmäßig. Ein Mann, der glaubt, dass er all das nicht nötig hat, kann KEIN Mr. Right für sexy Stunden sein.

- *Mr. Right ist nicht nur fit und liebenswürdig, sondern er sieht auch gut aus! Er latscht nicht in alten, abgetragenen Pantoffeln durch die Wohnung. Er trägt auch keine Jogginghose, die fast auseinanderfällt. Ein schlampiger Look war noch nie sexy, er ist es nicht – und er wird es auch nie sein. Dafür gibt es einfach keine Entschuldigung. Sich gehen zu lassen, in welcher Form auch immer, zerstört jede erotische Spannung. Mal abgesehen davon ist eine grundsätzliche Ungepflegtheit beim Sexpartner sowieso nicht zu tolerieren, denn sie zeugt von Respektlosigkeit. Der Mann an unserer Seite wird alles daransetzen, dass seine Anwesenheit für uns angenehm ist und wir ihm nah sein wollen. Selbst wenn er es nach einem anstrengenden Tag bequem haben will – WIR möchten ihn ja immer noch gern anschauen wollen.*

Die Signale, dass WIR ihm sehr viel bedeuten, sind so wichtig wie das Zusammensein mit ihm unter der gemeinsamen Decke. Guter Sex braucht *good vibrations*. Ein Mr. Right wird dafür sorgen, lange BEVOR wir in seinen Armen landen.

Aber DAS ist noch nicht ALLES! Mr. Right hat inzwischen verstanden, wie wir Frauen ticken. Was er früher vielleicht noch nicht draufhatte, das beherrscht er jetzt. Er weiß, dass er uns aufrichtig das Gefühl geben muss, dass WIR seine Königin sind. Er weiß, dass er sich nicht mehr durchmogeln kann in einer Beziehung – und schon gar nicht, wenn es um unsere innigsten Momente geht. Wir sind jetzt 50+ – und unsere Ansprüche steigen. Darunter geht es heute nicht mehr. Und wir zählen einfach mal weiter auf, worauf es uns JETZT noch ankommt.

- *Mr. Right im Bett ist kein Schweiger. »Reden ist Gold« heißt die oberste Regel beim Sex! Das hat er jetzt kapiert. Ja, wir müssen mit ihm sprechen können, wenn uns etwas nicht gefällt. Wenn wir nicht zufrieden sind, wenn er es zu selten, zum falschen Zeitpunkt oder in den für uns verkehrten Variationen mit uns will, müssen wir es ihm sagen können – und er muss mit uns eine gemeinsame Lösung finden. Dass er von selbst draufkommt, dass etwas nicht right ist, wäre natürlich die einfachste Lösung. Aber wir dürfen nicht erwarten, dass Mr. Right ein Hellseher ist. Wir müssen unsere Wünsche kommunizieren – und ER muss darauf eingehen. Wenn wir verstummen, verkümmert der Sex. Das weiß Mr. Right – und nimmt unser Anliegen im Bett ganz ernst.*

Wie kann gute Kommunikation über Sex funktionieren? Es geht nur *step by step*. Und es braucht den richtigen Zeitpunkt und den richtigen Ton. In jedem Fall sollte unser Sexpartner auf unsere Kritik anspringen. Wir sprechen aus, was uns gerade nicht gefällt – oder was uns fehlt. Er hört sich an, was wir zu sagen haben, ohne beleidigt zu sein. Es geht ja nicht um einen Streit, sondern um unser Glück, das wir gemeinsam vervollständigen wollen. Im besten Fall hat er auch ein paar Dinge, die ihm auf der Seele brennen. Mr. Right spricht sie uns gegenüber aus. Was nicht gefällt, lässt sich abwandeln und anders angehen. Entweder finden WIR selbst eine Lösung – oder beide gehen einzeln zum Arzt oder Therapeuten oder wenden sich zusammen an einen Experten. In jedem Fall sind wir mit Mr. Right ständig im Austausch darüber, WAS wir WIE noch besser hinkriegen können. Auch hier gilt: Übung macht den Meister. Je häufiger wir uns über Sex unterhalten, desto weniger gehemmt sind wir dabei. Und je rücksichtsvoller wir mit dem anderen umgehen, desto entspannter und glücklicher werden wir zusammen. Ein Mr. Right im Bett jedenfalls ist sehr OFFEN dafür. Er will, dass WIR mit ihm glücklich sind. Und er tut einiges dafür.

- *Für Mr. Right sind wir die schönste Frau der Welt – auch wenn wir selbst uns nicht als Bikini-Beauty wahrnehmen. An seiner Seite haben wir keine Hemmungen, uns aus dem Duschtuch zu wickeln. Mit Mr. Right ist es einfach kein Thema, ob wir zu dick, zu kurz, zu lang oder ohne Taille sind oder Cellulite unsere Beine ziert. Nein, das Bauch-Beine-Po-Problem ist keines mehr, weil ER es gar nicht sieht. Mr. Right liebt uns so, wie wir sind, und zeigt es uns auch. Mr. Right braucht keinen jungen Körper. Er braucht UNS und will auch nur UNS. Mit ihm fühlen wir uns RICHTIG, wie wir gerade sind. WIE er das macht, kann gern sein Geheimnis bleiben. Wir wollen nur eins: Mit IHM happy sein.*

- *Mr. Right ist kein Macho. Er stellt keine Forderungen. Er ist ein Verführer. Er hat Spaß daran, dass wir ES freiwillig tun. Für ihn ist Sex ein Spiel, zu dem er uns einlädt. Und wir können entscheiden, ob wir diese Einladung annehmen oder ausschlagen. Sexualität ist sehr individuell und hat sehr unterschiedliche Spielformen. Aber nicht immer ist ein Paar in seinen Bedürfnissen und Wünschen auch wirklich kompatibel. Mr. Right wird sich vorsichtig an UNS herantasten. Wenn wir etwas nicht wollen, was er gern hätte, wird er das akzeptieren. Driften die Vorlieben jedoch sehr weit auseinander, stellt sich die Frage, ob es dauerhaft gut gehen wird mit uns. Wenn es sich im Bett nicht richtig anfühlt, ist er auch kein Mr. Right. Jedenfalls für uns nicht. Wir wollen uns nicht mehr verbiegen müssen. Schon gar nicht beim Sex. Mit dem Mann, der das von uns verlangt, müssen wir nicht unsere kostbare Zeit verschwenden.*

- *Mr. Right im Bett ist ein Gentleman! Er zieht nicht einfach nur sein Programm durch. Er stellt sich auf uns ein und richtet sich nach unserem Timing. Jetzt, mit 50+, weiß er, dass Sex nur ZUSAMMEN schön ist und keine One-Man-Show. Sex zu zweit ist anspruchsvoll, aber Mr. Right hat kein Problem damit. Und wenn uns mal die Augen zufallen, weil wir gerade ganz schön müde sind, wird er behutsam die Decke über unsere Schultern ziehen. Und: Die weitverbreitete und zugleich unromantische Angewohnheit der Männer beim Sex wird er sich verkneifen – er schläft DANACH nicht sofort ein.*

- *Mr. Right ist treu – auch sexuell! Irgendwelche Hü-und-Hott-Gespielinnen will ER nicht – und WIR dulden sie nicht. Spätestens in dieser Lebensphase ist vollkommen ausgeschlossen, IHN mit einer anderen zu teilen. Will er dennoch um die Häuser ziehen? Bitteschön! Aber nicht mit uns an seiner Seite. Darauf HOFFEN, dass er sich bessert, war gestern. Einmal Casanova, immer Casanova. Das wissen wir heute. Wir haben eine neue Einstellung zu diesem Typ Mann: Nichts ist so wenig sexy wie einer, der jede Frau will, die nicht bei drei auf dem Baum ist. Oder einen, der sich in Parallelbeziehungen seine Bestätigung holt. Nee, nie mehr. So einen wollen WIR nicht. Und schon gar nicht im Bett.*

Liebe Ladys 50+, natürlich wollen wir es mit unseren Ansprüchen an Mr. Right nicht übertreiben. Was wir von IHM im Bett erwarten, ist aber nun wirklich nichts Außergewöhnliches. Er soll ja keinen Handstand machen. Er soll bitte nur ein bisschen auf sich aufpassen, auf uns Rücksicht nehmen und im Fall der Fälle mal einen Arzt aufsuchen. Und er soll nicht andere Frauen neben UNS beglücken wollen. Darauf bestehen wir jetzt. Das ist doch wirklich nicht zu viel verlangt. Ein Mr. Right wird das einsehen. Schließlich hat er ja selbst nur Vorteile davon – nämlich im Bett (das ist hier das Thema) eine glückliche Frau.

Sind auch WIR right beim Sex?

Die Antwort nehmen wir gleich mal vorweg: Klar, natürlich sind WIR *right*. Es ist ein Ammenmärchen, dass Sex in jüngeren Jahren besser sein soll. Das Gegenteil ist der Fall! Wir Frauen 50+ sind in Sachen Sex ziemlich gut drauf. Vielleicht sogar noch besser als vorher. Wir tun es. Wir lieben es. Und wir sind – vorausgesetzt, wir haben den richtigen Partner gefunden – auch sehr glücklich damit.

Und mal ehrlich, liebe Ladys, sind wir JETZT nicht auch hier in der Poleposition? Die PILLE müssen wir nicht mehr nehmen. Das Thema Verhütung ist abgehakt. Ein herrlicher Befreiungsschlag. Und: Wir können jetzt IMMER – ohne Pausentag.

Und haben wir nicht auch den viel leichteren Part beim Sex mit IHM? Ich meine: Falls heute Schwierigkeiten beim Sex aufkommen, dann liegt es weniger an UNS. Das ist eine Tatsache. Nein, nicht WIR, sondern die Männer 50+ sind das Problem. Ja, es ist so. Leider. Da können sie flüchten, so viel sie wollen zu den viel jüngeren Frauen. Mit denen möchten wir wahrlich nicht tauschen. Eigentlich können sie uns nur leidtun. Unsere Schwestern in den 30ern mit einem Mann, der seine allerbesten Jahre hinter sich hat. Nein, auf die Idee wären wir in dem Alter nicht gekommen. Und genauso viel Mitgefühl bekommen auch die *old boys*, die vor ihrem Alter in die Illusion flüchten, unsterblich zu sein.

Selbst wenn da etwas sein sollte, das unseretwegen nicht rundläuft, dann sind das Petitessen. Die haben wir ruckzuck und ohne große Umstände wieder im Griff. Doch ein gynäkologisches Gespräch wollen wir hier nicht eröffnen. Da hat jede von uns ihren eigenen speziellen Ansprechpartner – den sie auch aufsucht, wenn's nötig wird. Außerdem, so drängend ist dieses eine kleine Anliegen auch wieder nicht. Ob wir im Bett nun *right* sind oder gerade mal nicht, spielt sich ja auch auf einer ganz anderen Ebene ab.

Es ist weniger ein physisches, sondern eher ein mentales Problem. Der Kopf spielt uns einen Streich – im Übrigen nicht nur UNS, auch IHM kann es so gehen. Wie viel Krampf möglich ist, zeigte der zauberhafte Kinohit »Was das Herz begehrt«. Eine irrwitzige späte Lovestory zum Lachen und Dahinschmelzen. Perfekt spielt diese Geschichte mit unseren Vorbehalten und Vorurteilen und Komplexen, die eine neue Liebesbeziehung JETZT beherrschen können. Schauspieler Jack Nicholson, auch im wahren Leben ein Belami, ist der Schwerenöter Ü60, der es nur mit ganz jungen Dingern treibt. Oscar-Gewinnerin Diane Keaton gibt die Lady, die über solche Typen die Nase rümpft. ER ist der Mann, der sagt, dass er noch nie eine Frau »in dem Alter« nackt gesehen hat. SIE ist die Frau, die nicht mal mehr den Anblick eines Mannes in Boxershorts erträgt. Sie werfen mit Sätzen um sich, die zunächst nichts Gutes verheißen. Der schlimmste kommt von ihm: »Ich weiß nicht, wie man sich in einer Beziehung verhält. Das ist für mich nicht so einfach …«

Ja, Lovers *over fifty* führen sich manchmal wie Teenager auf, aber sie SIND es nicht. Sie hüpfen nicht so mir nichts, dir nichts mit jemandem ins Bett. Und wenn ES passiert, sollte man vorbereitet sein. Darauf, wie er sich verhält, haben wir nicht so viel Einfluss. Aber auf uns selbst können wir achtgeben, damit auch WIR »richtig« beim Sex sind. Und dabei dreht sich ja meist alles um die Frage, die schon die eine oder andere von uns beschäftigt hat: Sind wir eigentlich noch SEXY genug? Ja, seien wir ehrlich, wir zweifeln, auch wenn es keinen Anlass dafür gibt. Und das ist die größte Hürde, die WIR heute im Bett mit einem neuen Partner zu nehmen haben. Guter Sex ist deshalb auch eine Sache des gesunden und stabilen Selbstbewusstseins. Wenn wir ein gutes Gefühl für uns selbst haben, sind wir unbefangen und frei. Das macht das Zusammensein mit ihm leichter und schöner. Nur wie kriegen wir das hin?

First step: Wir unterlassen alles, was uns seelisch runterzieht. Wir stellen uns also nicht vor den Spiegel und erschrecken und kreischen: »*Oh, my god*!« Nein, solche Begegnungen mit unserem Ebenbild machen uns unfähig für Sex. Wenn wir uns selbst nicht gern anschauen, wie können wir das von unserem Partner erwarten? Überlegen wir lieber, wie wir eine bessere Einstellung zu uns selbst gewinnen können. Dazu schauen wir uns erst einmal mit mehr Nachsicht und Liebe an. Wir sagen uns: DAS bin ICH. SO bin ICH. Je häufiger wir das aussprechen, desto mehr nehmen wir uns selbst an – SO wie wir SIND. Das gibt uns ein sehr gutes Gefühl. Dazu das Wissen, dass auch er nicht mehr ein Beau von 30 ist. Das stärkt unser neu gewonnenes Selbstwertgefühl enorm.

Mogeln wir ruhig ein bisschen, auch das hebt unsere Laune. Gehen wir bitte immer im Sarong bis zum Kleiderschrank oder huschen wir ins Frottee gewickelt aus dem Bad in unser Zimmer. Das sieht flotter aus – und gibt uns ein flotteres Gefühl. Überhaupt können wir uns in vielerlei Hinsicht optimieren und uns damit etwas Gutes tun. Wir achten darauf, was wir essen. Wir bewegen uns viel. Wir sehen zu, dass wir gut in Schuss bleiben. Auch wenn wir damit die Zeichen der

Zeit nicht aufhalten können, sind wir dadurch gesünder und fitter für Sex – und wir fühlen uns auch gleich viel schöner. Allein eine gute Aura wirkt Wunder in der Liebe. Also, ausprobieren! Lassen wir uns einfach nicht hängen, wenn wir heute großes Glück im Bett erleben wollen.

Wir dürfen allerdings auch nicht zu viel von uns erwarten. So wie wir die Ansprüche an IHN besser nicht überziehen, sollten wir mit den Ansprüchen an uns selbst ebenfalls schön auf dem Teppich bleiben. Nein, wir wollen uns bitte nicht vergleichen mit unseren Töchtern oder deren Freundinnen oder mit unseren bildschönen, jungen Nichten. Wir Ladys 50+ haben nun mal nicht mehr den Körper einer 20-Jährigen. Es wäre nicht nur gemein, dies von uns zu erwarten, sondern vollkommen unsinnig. Wir WAREN mal 20 und 30. Diese Blütezeit haben wir sehr genossen. JETZT ist einiges anders – aber keineswegs schlechter!

Wir sind SEXY, weil wir unser gelebtes Leben ausstrahlen. Weil wir heute mehr Energie haben. Weil wir mehr wissen vom Leben. Weil wir einen sehr eigenen, gut entwickelten Charme verbreiten. Weil wir jetzt viel mehr FRAU sind. Weil unser Charisma unwiderstehlich ist. Nein, an uns kommt keiner einfach so vorbei. Das sollten wir Ladys 50+ uns täglich klarmachen. Und dann stellt sich auch gar nicht erst die Frage, ob wir *right* oder *wrong* sind im Bett.

Wir werden nicht mehr rot, wenn wir uns über Sex unterhalten. Nein, diese Hemmungen trainieren wir uns einfach mal ab. Wir sprechen jetzt aus, was WIR uns wünschen. Mr. Right wird das genießen. Alle psychologischen Erkenntnisse gehen dahin, dass Männer eine starke, selbstbewusste Frau vorziehen – auch und vor allem im Bett. Also, hören wir auf, das verschüchterte Mädchen zu spielen, das verführt werden will. Wenn wir ein Paar sind, können wir ruhig aus unserem Schneckenhaus kommen und ihn mit ein paar Verbesserungsvorschlägen überraschen. Wir sind damit auch keine Ausnahme. Frauen 50+ ergreifen beim Sex häufiger die Initiative, sagt die Medizin-Psychologin Professorin Dr. Beate Schultz-Zehden. Ja, falsche Scham blockiert Sex. Machen wir uns frei davon. Es ist nie zu spät, neu anzufangen.

Auch Frauen 50+ haben Lust auf Sex. Klingt selbstverständlich, ist es aber nicht. Wenn unsere Biologie sich verändert und wir keine Kinder mehr bekommen können, geht für nicht wenige von uns auch die Phase der Liebeslust zu Ende. Es geht gar die Mär, unser Liebesleben sei nun unwiderruflich abgeschlossen. Das ist natürlich Unsinn. Aber wenn dieser Gedanke tief in uns drinsteckt, ist das Empfinden für Sex erloschen oder läuft nur auf Sparflamme. Eine Frau, die sich selbst nicht erlaubt, ein sexuelles Wesen zu sein, kann auch nicht im Bett loslassen. Doch einen wahren Mr. Right neben uns können wir nur erleben, wenn auch WIR heiß auf Sex mit IHM sind. Machen wir nicht richtig mit, läuft's auch nicht rund. Beruht das Desinteresse auf unbefriedigenden Erfahrungen in der Vergangenheit, hilft es, die eigene Einstellung zum Sex zu hinterfragen und zu verändern. Heißt: Genau hinschauen, was damals schieflief, die richtigen Schlüsse daraus ziehen und handeln. Mit einer neuen Idee, mit neuem Mut und einem verständigen Mr. Right kommt die Lust auf Sex von ganz allein zurück.

Auch ist wichtig, dass wir unsere Eigenständigkeit bewahren. Ja, bei uns selbst beginnt der Sex ebenfalls lange, bevor wir unseren Mr. Right überhaupt in Augenschein nehmen. Wir stehen auf eigenen Füßen – in jeder Hinsicht. Beruflich, finanziell, als ganze Person. Wir wünschen uns IHN, aber wir brauchen ihn nicht. Wie das unser Liebesspiel befeuern soll? Nun, mit einem eher schwachen Mann mag das nicht funktionieren. Er kann mit einer starken Lady nicht umgehen, weil er sich an ihrer Seite klein fühlt. Und es wahrscheinlich sogar ist. Aber wollen wir so einen? Wohl nicht. Ein in sich ruhender Mr. Right wird es mit einer entspannt im Leben stehenden Frau gut aufnehmen können. Sie weckt seine Lust und sein Interesse, weil sie seinen Jagdinstinkt weckt. Sie zu erobern ist für einen starken Mann so lustvoll wie der Sex selbst. Deshalb, liebe Ladys, unbedingt merken: Bleiben Sie bitte ganz bei sich und Ihrem Leben. Ist er der Richtige, wird er sich um Sie reißen und Sie nie mehr loslassen.

Ich bin ich. Das ist auch das Mantra, wenn wir mit IHM Spaß im Bett haben wollen. Natürlich wollen wir dem Mann, den wir begehren, gefallen. Aber das müssen wir heute nicht mehr um jeden Preis. Natürlich zeigen wir uns von unserer besten Seite, aber wenn wir ihn nicht für uns gewinnen können, dann eben nicht. Es stürzt keine Welt mehr ein, weil ER nicht will. Viel wichtiger als die Frage »Gefalle ich IHM?« ist die Frage an uns selbst: »Gefalle ich MIR?« Wir müssen einverstanden sein mit uns selbst. Ansonsten ist die Gefahr groß, dass wir vorgeben, eine andere Frau zu sein als diejenige, die WIR sind. Wenn wir uns von uns selbst entfernen, konzentrieren wir uns darauf, eine Kunstfigur zu schaffen. Und wenn wir nicht ECHT sind, wie sollen wir dann Mr. Right finden? Der richtige Mann ist derjenige, der uns akzeptiert, wie wir sind. Und nirgends ist mehr Ehrlichkeit gefragt als im Bett. Sei, wie du bist – das ist DAS Rezept für guten Sex. Keine Frau muss sich verstellen und ein Mr. Right verlangt das auch nicht. Mrs. Right im Bett traut sich, so zu sein, wie sie IST. Und der Auserwählte wird von ihr begeistert sein.

Am besten funktioniert es im Bett, wenn wir entspannt sind. Manchmal ist das leichter gesagt als getan. Zum Beispiel wenn wir Sorgen und Kummer haben. Dann lassen wir den Sex eben einfach mal aus. Heute gönnen wir es uns, unserem Mr. Right nur mit der passenden Stimmung ganz nah sein zu wollen. Heute sind wir so erwachsen, dass wir entscheiden, wann etwas mit ihm läuft und wann nicht. WIR schauen nicht nur ganz genau hin, mit WEM wir es tun. Sondern auch WIE. WO. WIE OFT. WIR entscheiden. WIR wählen. Haben wir dieses Bewusstsein für uns gespeichert, kann eigentlich nichts mehr schiefgehen im Bett.

Was Sex WIRKLICH ist

Wunsch und Wahrheit – nirgends kann beides so schmerzlich weit entfernt voneinander sein wie in Beziehungen. Und damit natürlich auch beim Sex. Wir wissen mit 50+, was wir uns von einem Partner wünschen. Und uns ist klar, dass wir nicht nur egoistisch sein dürfen, sondern unseren Anteil zum Glück beitragen müssen. Aber haben sich damit Mrs. Right und Mr. Right im Bett wirklich gefunden? Nein, keineswegs. Das Vergnügen mit IHM geht ja nicht nach Rezept wie das Kuchenbacken.

Natürlich ist es wichtig zu gucken, mit WEM wir uns einlassen. Es ist auch wichtig zu schauen, ob ER oder auch WIR die Voraussetzungen mitbringen, dass es mit uns funktionieren kann. Aber das ist nicht alles. In unserer jetzigen Lebensphase besinnen wir uns auf das eine unerlässliche Merkmal, das Sex heute für uns haben muss: LIEBE.

Natürlich können wir nur aus lauter Jux und Tollerei mit einem Mann schlafen. Das kann wundervoll sein. Und man tut es immer wieder *just for fun*. Durchaus auch mit 50+. Nur ist das ein anderes Thema. Das gehört hier nicht hin. Wir suchen ja den richtigen Mann für ein gemeinsames Leben, wozu eben auch Erfüllung beim Sex gehört.

In der Theorie ist es sehr einfach, liebe Ladys. Besinnen wir uns noch einmal darauf, was Sex wirklich ist. Der Schweizer Psychiater Professor Jürg Willi formulierte es in seinem Buch »Psychologie der Liebe: persönliche Entwicklung durch Partnerbeziehungen« (Stuttgart 2002) treffend, wenn auch etwas umständlich: »Sexualität ist eine Qualität der ganzheitlichen Zugehörigkeit und Zusammengehörigkeit. Sie ist die Erfüllung der Sehnsucht nach bedingungslosem Aufgehobensein in der Liebe.« Sex ist Liebe. Liebe ist Sex. Das eine ist ohne das andere nicht vollständig. Beides gehört JETZT untrennbar zusammen, wenn es gut sein soll für UNS. Heute mit 50+ auf dem Weg zu Mr. Right wissen wir: Ob Sex uns GLÜCKLICH mit unserem Partner macht, hängt zuerst davon ab, ob wir die große Liebe gefunden haben. Und ob diese große Liebe tatsächlich neben uns liegt, lässt sich umgekehrt auch daran ermessen, wie gut der Sex mit ihr ist.

Liebe ist der Boden, auf dem Vertrauen wächst. Ohne Vertrauen kein Zutrauen in das Liebesspiel mit ihm. Ohne Erfüllung beim Sex keine dauerhafte Treue zu unserem Partner – und zwar auf beiden Seiten. Guter Sex JETZT und HEUTE ist ein ganz tiefes Gefühl. Wir folgen ja nicht mehr jedem, der uns über den Weg läuft. Es muss schon ein ganz besonderer Mensch sein, mit dem wir in die Kissenschlacht ziehen.

Ein toller Mann im Bett ist auch sonst ein großartiger Mann. Das lässt sich heute nicht mehr voneinander trennen. Mr. Right im Bett ist ein Mann, der nur für uns gedacht ist. Einer, der uns begeistert und verzaubert. Einer, nach dem wir uns schon lange sehnen. Was einen Mann für uns sexy macht, beantworten wir für uns HEUTE anders als früher. Wir schauen von einem anderen Standpunkt auf IHN – nämlich als Frau von 50 und mehr Jahren. Sexy ist HEUTE der Mann, der Frauen achtet. Das ist das Wichtigste. Sexy ist einer, mit dem wir uns gut unterhalten können – und der gut zuhören kann. Sexy ist ein Mann, wenn er liebenswürdig, tolerant und großzügig und dennoch sehr bodenständig geblieben ist. Wir brauchen keinen Testosteron-Tsunami. Wir suchen nicht gezielt nach Sixpack und Waschbrettbauch. Okay, wenn alles andere stimmt, ist auch das willkommen. Aber das Motto »Mehr Schein als Sein« reicht heute einfach nicht. Auch und überhaupt nicht im Bett.

Unsere Haltung im Liebesgeschehen hat sich verändert – wir sind kompromissloser geworden. Es muss die wahre Liebe sein. Denn Liebe macht alles möglich. Ein Paar, das sich liebt, hat keine Probleme beim Sex – es hat nur guten Sex. Das ist der Maßstab für eine Beziehung heute. Unser Sex-Appeal beruht auch darauf, dass wir unser Leben besser wertschätzen können. Deshalb ist unser Leben wichtiger, als um jeden Preis eine Beziehung zu haben. Wenn sich herausstellt, dass der Mann, den wir gerade kennenlernen, KEIN Mr. Right ist, halten wir es mit dem Sex wie Weltstar Madonna, 60. Sie sagte: »Alle denken vielleicht, ich sei eine tobende Nymphomanin, dass ich einen unersättlichen Appetit auf Sex hätte. Doch die Wahrheit ist, ich lese lieber ein Buch.« Ja, so gelassen können wir heute die Sache mit dem Sex sehen. Lieber Lektüre statt Liebe, wenn Mr. Right auf sich warten lässt.

Noch mal in wenigen Worten: Unsere Lust auf Sex schläft nicht, nur weil wir die 50 überschritten haben. Unsere Sexualität behalten wir, solange wir leben. Aber wir verändern uns – und damit auch unser Körper. Was uns beim Liebesspiel heute stören könnte, ist in der Regel leicht in den Griff zu bekommen. Außerdem soll Sex ja in erster Linie ein Vergnügen sein, über das wir auch reden können. Es ist ganz wichtig, dass wir über unsere Wünsche und alle möglichen Hemmnisse frei und offen miteinander sprechen. Einem Mann, dem wir etwas bedeuten, wird dies gefallen. Und er wird seinen Teil dazu beitragen, dass es schön wird mit uns. Will er das nicht, sind wir enttäuscht von ihm – dann kann er nicht der Richtige sein. Wir wählen. Wir entscheiden, WER für uns beim Sex *right* ist oder nicht. Sex ist zu wichtig, weil er uns gesund hält – und unsere Liebe stärkt. Sex HEUTE ist für uns LIEBE. Eine Frau, die schon immer gern Sex hatte, wird die Lust darauf nun nicht verlieren. Diejenigen, denen Sex nie so viel bedeutet hat, können ihn aber vielleicht neu entdecken. Mit einem neuen Mann, eben einem Mr. Right im Bett.

So sieht es Professorin Dr. Beate Schultz-Zehden

Sie ist Medizin-Psychologin in Berlin und Expertin für Frauengesundheit, speziell für Sexualität von Frauen 50+.

Claudia Hagge: Warum ernten Frauen 50+ oft ein mitleidiges Lächeln, wenn es um Sex in dieser Lebensphase geht?

Professorin Schultz-Zehden: Es hat mit uralten Mustern zu tun, die wir in unseren Köpfen tragen. Es ist das Muster, dass eine Frau jenseits ihrer Fertilität, also jenseits ihrer Fruchtbarkeit, kein sexuelles Wesen mehr ist. Dabei ist das Gegenteil der Fall: Frauen haben bis ins hohe Alter sexuelle Interessen und Bedürfnisse und ebenso bleiben sie bis ins hohe Alter sexuell genuss- und orgasmusfähig. Im Gegensatz dazu herrschen aber archetypische Strukturen in den Köpfen der Männer wie auch der Frauen. Und ich spreche bewusst die Frauen an. Denn sie haben ein großes Problem damit, eine positive Haltung zu ihrem sexuellen Bedürfnis zu finden.

Wo liegt das Problem?

Es liegt vor allem auf der Kommunikationsebene. Über Sex zu sprechen ist für Frauen 50+ ein Tabu. Frauen in diesem Alter haben so viel erreicht. Sie sind emanzipiert, sie haben eine Familie gegründet, sie haben einen Beruf, sie sind selbstständig – nur über Sex zu reden, das fällt ihnen schwer. Sie müssten sich mehr trauen, den Mund aufzumachen.

Was konkret sollen sie denn mitteilen im Bett oder auch außerhalb, wenn es um Sex geht?

Erst einmal sollten sie sich selbst eingestehen, was sie möchten und worauf sie jetzt lieber verzichten wollen. Sie müssen ihre intimen Wünsche kennen und sie auch zulassen. Dafür müssen sie sich öffnen. Und dann müssen sie darüber offen sprechen. Wenn es zum Beispiel um die Häufigkeit von Sex oder um gewisse Praktiken geht, sollten sie den Mut haben, sich klar zu äußern. Das kann man wie alles andere auch einfach aussprechen: Ich will es so – oder das will ich nicht mehr, es reicht jetzt. Ich weiß, dass dies vielen Frauen sehr schwerfällt. Sie bleiben still, wenn es ein Problem gibt und sie sexuell frustriert sind. Nicht einmal beste Freundinnen tauschen sich über ihre Sexualität aus. Selbst ich ertappe mich dabei, in meinem Bekanntenkreis solche Themen zu umschiffen, wenn es dort ein Problem gibt. Ich spreche die Sexualität nicht an aus Sorge, ich könnte zu weit damit gehen. Ich sehe immer wieder, dass es eine schwierige Angelegenheit ist.

Nun ja, mit einem neuen Mann im Bett, der uns noch nicht so vertraut ist, kann es ja auch etwas problematisch und peinlich sein, über Schwierigkeiten oder Wünsche zu sprechen. Warum genieren wir uns?

Der Grund für diese Scham ist ein Unsicherheitsgefühl sich selbst gegenüber. Dieses Hemmnis muss man überwinden. Am besten gelingt dies wahrscheinlich mit Humor. Wenn wir etwas mit einem kleinen Augenzwinkern locker kommunizieren, kann das ein Türöffner für ein offenes Gespräch über Sex sein. Aber es hängt natürlich auch davon ab, wie offen der Partner dafür ist. Wenn er zumacht und einfach nicht reagiert, hat eine frisch verliebte Frau es natürlich schwer. Die Kommunikation in einer

Beziehung führen ja in der Regel die Frauen oder sie fangen zumindest damit an. Männer fühlen sich von Beziehungsthemen eher belästigt. Und über Sex reden zu müssen, wenn etwas nicht klappt, ist noch schlimmer für sie. Aber davon müssen Frauen 50+ sich frei machen. Vor allem sollten sie sich von dem Gedanken lösen, dass man es dem Mann recht machen will.

Nur wie kommt es, dass man Frauen ganz allgemein unterstellt, sie würden das Interesse an Sex verlieren, nur weil sich ihre Hormone umstellen, etwa das Östrogen?

Es ist mir ein vollkommenes Rätsel, dass man aus dem Rückgang von Hormonen ableitet, die Libido der Frauen würde nachlassen. Das sind zwei Sachen, die nicht unbedingt zusammengehören, aber die Mediziner packen es immer gern zusammen.

Liegen die Mediziner mit ihrer Schlussfolgerung denn richtig?

Ich meine, dass sie damit falsch liegen. Aber es ist eine Frage, die wissenschaftlich nicht einfach zu erforschen ist. Erst mal müsste ich definieren, was Lust überhaupt ist. Und dann muss man klären, welche endokrinologischen Werte herangezogen werden müssen, anhand derer man feststellen kann, ob jemand Lust hat. Oder man erforscht es rein psychologisch und fragt die Menschen, wie viel Lust sie auf Sex haben – einmal oder fünfmal die Woche. Die Gynäkologen haben versucht, Daten hierzu mit Fragebögen zu erfassen und daraus Erkenntnisse zu ziehen.

Und was ist dabei herausgekommen?

Sie haben Frauen zu ihren Einschränkungen und Beschwerden im Klimakterium befragt und ihre Rückschlüsse gezogen. Die Frauen, die mit Hormonen substituiert haben, klagten weniger über einen Rückgang der Libido als die Frauen ohne Hormonersatztherapie. Aber das sind Rückschlüsse aus medizinischen Untersuchungen an Frauen mit Beschwerden. Es wurden Patientinnen befragt, aber keine normale Durchschnittsfrau, die sich gesund und fit fühlt. Zu ihrem Urteil kommen die Mediziner also ausschließlich aus der Untersuchung von Patientinnen mit extremen Beschwerden. Solche Inhalte werden dann gern in den Medien transportiert. Und an solchen Erkenntnissen ist auch immer eine Industrie interessiert. Wenn die Frau 50+ als leidendes Wesen beschrieben wird, dann wird sie auch therapiefähig.

Wenn also mit den Wechseljahren nicht automatisch die Lust auf Sex abhandenkommt, woran liegt es dann, dass es in der Lebensphase nicht ganz einfach ist?

Es gibt natürlich Einschränkungen auf beiden Seiten. Aber das vorherrschende Problem der Frau wie der Lubrikationsmangel, also der Mangel an Scheidenflüssigkeit, ist relativ leicht zu beheben. Das Hauptproblem sind die Männer. Nicht die Frauen. Es gibt nur keine Studien dazu.

Was ist denn DAS Problem, wenn es mit ihm nicht funktioniert?

Das zentrale Problem, wenn es eines gibt, sind massive Erektionsprobleme der Männer. Das muss man einfach mal ganz deutlich sagen. Ihr Problem ist die mit dem Alter einhergehende eingeschränkte Erektion. Aber ergänzend kann auch ihr gesamtes Sexualverhalten ein Problem darstellen. Wenn jemand Potenzstörungen hat, aber willens ist, seine Frau auf andere Art zu befriedigen, wäre das eine Lösung. Aber das machen relativ wenige Männer. Die meisten sind ja sehr fokussiert auf eine sexuelle Praxis, bei der es in erster Linie um die Erektionsfähigkeit geht. Sie sind auf sich selbst sexuell sehr stark fixiert. Auf sexuelle Ersatzformen kann sich dieser Mann schlecht einlassen, weil er damit ja der Frau seine Unfähigkeit zeigt. Es wird ein echtes Problem, wenn er nicht mehr kann und nicht bereit ist, zumindest Alternativlösungen anzubieten.

Wie kommt Frau 50+ aus dieser Zwickmühle heraus?

Ich denke, es hat ganz stark damit zu tun, was die Frau will. Es ist nicht untypisch, dass sie ein sexuelles Bedürfnis zurückstellt. Wenn ein Mann verträglich ist, zuhause angenehm um sich zu haben, man mit ihm essen gehen kann oder in den Urlaub fahren, dann beißt sie in den sauren Apfel und verzichtet auf Sex. Das ist das, was in der Praxis meistens passiert. Sie sagt sich: Ich habe zwar keinen Sex, aber ich bin nicht allein.

Und wenn ihr das auf Dauer nicht reicht?

Sie kann sexuelle Beziehungen mit jüngeren Männern ausprobieren. Die Frage ist nur, wie lange diese Verbindungen halten. Frauen tun sich auch schwer, ein sexuelles Abenteuer zu suchen. Sie müssten also im Prinzip offen dafür sein, wenn sich eine solche Gelegenheit böte. Andererseits stehen sie dann unter dem Druck, den jüngeren Partner anhaltend zu begeistern. Man kann keine allgemeingültigen Tipps geben. Wir können Phänomene beobachten und beschreiben und unsere Schlussfolgerungen daraus ziehen. Aber mit einem Ratschlag »von oben« liegen wir nicht immer richtig. Was sich immer wieder zeigt, ist, dass Frauen sexuell und in der Liebe glücklich sind, wenn sie im richtigen Moment selbstbewusst sind und ihre Chancen bei Männern nutzen, wenn ihnen einer gefällt und er gerade frei und zu haben ist.

Welche Frauen 50+ sind sexuell glücklich?

Freude und Spaß haben vor allem diejenigen Frauen, die eine positive Einstellung zu Sex haben und ihr Interesse daran einem Mann auch zeigen. Dabei kommt es ihnen weniger auf die Häufigkeit als vielmehr auf die Qualität ihrer sexuellen Begegnung an. Es besteht ein Zusammenhang zwischen der Einstellung zum Sex und der Befriedigung daraus. Allerdings setzt dies ein hohes Maß an Selbstbewusstsein bei der Frau voraus. Sie lässt sich zum Beispiel nicht von irgendwelchen Schönheitsidealen irritieren, die sie unter Umständen nicht erfüllen kann. Und natürlich geht es nicht ohne den Partner, der die Frau und ihren Körper wertschätzt. Eine sexuell glückliche Frau hat den richtigen Mann dazu an ihrer Seite.

10

MR. Right, wo steckst du?

Jetzt geht's los, liebe Ladies. *Take a look at him!* Aber WO? Zugegeben, an diesem Punkt fängt es an, heikel zu werden. Wir müssen feststellen, dass die Reise zu Mr. Right eine ganze Weile ins Leere laufen kann. Wir haben ja nun wirklich alles, was Frau 50+ braucht, um ihn willkommen zu heißen. Nur an welchem Ort wir ihn letztlich aufspüren, bleibt ein Geheimnis. Die Ausschau nach einem Mr. Right ist spannender als jede Schatzsuche. Vielleicht sollten wir die Wünschelrute zurate ziehen, die uns sicher durch das Männer-Terrain 50+ leitet und bei dem richtigen Mann in unserer Nähe ausschlägt. Ja, manchmal kann es zum Verzweifeln sein (aber wir tun es nicht …), wenn wir uns bewusst nach geeigneten Kandidaten umsehen.

Looking for Mr. Right

Wo immer wir gerade sind, strecken wir unsere Fühler aus. Ganz vorsichtig. Ganz diskret. Meistens auch ganz unbewusst. Morgens in der U-Bahn. Oder auf dem Weg zum ersten Cappu. Im Autohaus beim Reifenwechsel. Beim Shoppen und Flanieren auf den schicksten Boulevards. An der Bar in unserem Lieblingshotel. An der Kasse im Supermarkt. Beim Italiener um die Ecke. Im Wartezimmer beim Zahn-Doc und bei der Physio. Natürlich spähen wir auch in den Rückspiegel im Rushhour-Stau. Wir können schauen, so viel wir wollen. Ja, wir gucken uns die Augen aus. Nur IHN erblicken wir nicht. Es ist wie verhext. Nirgends ein Kerl auszumachen, von dem wir sagen können: DER ist es!

Wie ist das möglich? Haben sich die tollen Männer 50+ eingeschlossen? Trauen Sie sich nicht raus in das reale Leben? Müssen wir tatsächlich eine Suchanzeige aufgeben? Nicht mal in der besten Buchhandlung der Stadt sind sie anzutreffen. Auch in der Gemäldegalerie nicht, wo sie sowieso hinter einem Tross von Kunst-Touristinnen verschwinden, sollten sie sich in dieser Gruppe wiederfinden, weil man sie mitgeschleppt hat. Aber wo könnte Mr. Right sonst stecken? Vielleicht rockt er beim Stones-Konzert. Oder er betet gerade Gott Fußball an. Aber geht man dorthin, um einen Gefährten fürs Leben aufzutreiben?

Also, einen Mr. Right ausfindig zu machen, ist eine sehr sportliche Herausforderung. Anstrengender als der New-York-Marathon und die Besteigung des Mount Everest in einem. Wo man wie einen Mr. Right auskundschaftet, ist ein größeres Rätsel, als die richtigen Lottozahlen anzukreuzen. Ja, der Panoramablick auf die Männerwelt kann ziemlich betrüblich sein. Haben wir überhaupt eine Chance? Oder sollen wir es doch lieber lassen und stattdessen in Ruhe und Frieden mit uns selbst sein? Man kann Frauen verstehen, die an manchen Tagen die Reise zu Mr. Right am liebsten enttäuscht abbrechen wollen.

Tatsächlich haben wir schneller die Nadel im Heuhaufen aufgespürt als Mr. Right an der Angel. Nur warum? Macht er sich rar oder arbeitet er nur? Will er uns nicht – oder wagt er sich nicht mehr so nah an die Flirt-Front heran? Vielversprechend ist die Lage nicht. Weit und breit KEIN Mann in Sicht, der auch nur annähernd infrage kommt. Für uns Frauen 50+ ist es ein unerklärliches Phänomen, warum wir mit unserer Sehnsucht nach einer neuen Liebe immer wieder gegen die Wand fahren. Nur woran liegt's? Es ist so bizarr, dass wir am Ende geneigt sind zu fragen, ob es vielleicht an UNS SELBST liegen mag. Und wenn man es genauer betrachtet, kann an diesem Gedanken sehr wohl etwas dran sein.

Und trotzdem, liebe Ladys, lassen wir BITTE die Kirche im Dorf. Wir wollen doch nicht übertreiben, nur weil sich die Sache mit den Männern jetzt diffiziler gestaltet. Wenn wir uns ganz nüchtern die Lage vergegenwärtigen, stellt sich das Ganze doch so dar: Wir leben in einer neuen Zeitrechnung – auch in der Liebe! Heute haben wir einfach eine andere Ausgangssituation und diese erfordert eine andere Herangehensweise an das Projekt Mr. Right. Früher gingen wir in die Pizzeria, in die Disco, an die Uni, zur Berufsschule, an den Strand, in die IN-Bars und überall schwirrten zauberhafte Männer in unserem Alter herum – cool, ungebunden, offen, begeisterungsfähig und schnell in Flammen für UNS. Als wir 20+ waren, konnten wir hingehen, wohin wir wollten. Ein Mann war immer dabei, mit dem wir gern entschwunden wären oder auch tatsächlich losgezogen sind. Das ist heute anders. Mit 50+ sind nicht nur WIR im Leben als erwachsene Person angekommen, sondern (so hoffen wir) auch die MÄNNER. Deshalb steht Mr. Right nicht an der nächsten Ecke. So leicht wie damals ist es einfach nicht mehr. Und natürlich gehört auch Glück dazu, IHM zu begegnen.

Auch die Blitzliebe mit dem reiferen, schönen Helden, der uns im Supermarkt den Einkaufswagen in die Waden schiebt und zur Wiedergutmachung eine charmante Einladung zum Champagner ausspricht, gibt es eher im Kino. Leider. Und dennoch sollten wir gewappnet sein – für den Fall der Fälle, dass es uns genauso wie den Film-Beautys geht. »Love is in the air«, so hieß unser Liebeshit in den 70ern. Aber *Amore* liegt auch JETZT in der Luft. Dieses gefühlte Wissen sollte uns nicht abhandenkommen, nur weil Mr. Right momentan nicht in Reichweite ist. Wir wissen ja jetzt: Unsere Aussichten in der Liebe versiegen, wenn wir uns dauerhaft in Pessimismus hüllen – und sie steigen, wenn wir ein romantisches und charmantes Gefühl senden.

Ja, es kann durchaus an uns liegen, dass Mr. Right nicht unsere Straße kreuzt. Zum Beispiel weil wir ihn gar nicht sehen. Wenn wir eine negative Einstellung haben, schauen wir auch negativ auf mögliche Aspiranten. Wir sehen nicht das Gute, wir sehen nur das Schlechte. Wir erkennen nur noch, wer nicht infrage kommt. Und wir sind blind dafür, was vielleicht attraktiv an diesem Mann sein könnte, der uns gerade nicht aus den Socken haut. Wenn wir nicht gut drauf sind, werden wir an jedem etwas zu mäkeln haben. Und umgekehrt werden auch wir mit weniger Sympathie betrachtet.

Und überhaupt: Warum verkommen eigentlich die alltäglichen Begegnungen mit Männern zu einer Art Musterung? Hey, Ladys, entspannen wir uns. Verabschieden wir uns von den alten Regeln, wie man einen Mann kennenlernt. Fangen wir bei uns selbst an. Ändern wir zuerst einmal unsere Erwartungshaltung, was den »Fundort« angeht. Denken wir einfach nicht mehr daran, dass ER an der Bushaltestelle stehen oder im Café hocken und auf UNS warten könnte. Davon machen wir uns frei. Gehen wir UNSEREN Weg. Schauen wir auf UNSERE Bedürfnisse. Gehen wir unbefangen – ohne irgendwelche Hintergedanken – auf die Männer zu. Und lassen wir uns überraschen von Begegnungen, die überall und jederzeit auf der Welt möglich sind.

Nicht suchen, FINDEN!

Die Männer 50+ sind natürlich sehr umworben. Dennoch ist die Lage keineswegs hoffnungslos. Es gibt ihn schon noch, DEN Mann, der unser Mr. Right sein kann. WIE wir ihn WO auftreiben können, dazu gibt es viele Tipps. Beispielsweise sollen wir nicht mehr im üblichen Umfeld sondieren. Nicht mehr die ausgetretenen Pfade begehen. Besser wäre es angeblich, neue Reviere für die Suche nach IHM zu generieren. So sei es falsch, immer an derselben Tankstelle zu tanken, immer im selben Lebensmittelmarkt einzukaufen, immer dasselbe Restaurant zu besuchen. Gut gemeint. Aber vielleicht taucht Mr. Right ausgerechnet dann an unseren Stamm-Locations auf, wenn wir gerade etwas Neues ausprobieren. In diesem Fall hätten wir ihn verpasst, weil wir einer Empfehlung gefolgt sind, die in diesem Moment nicht zielführend war.

An alternativen Ideen, einen Mr. Right aufzugabeln, mangelt es nicht. Von Computerkurs bis Sprachreise ist alles dabei, was wir unbedingt versuchen sollten, um IHM zu begegnen. Selbst das »Seniorenstudium« an der Uni wird bemüht, bei dem wir uns möglichst diejenigen Fächer aussuchen sollten, die nicht als typische »Frauen-Studiengänge« gelten. Gut, ausgeschlossen ist es nicht, dort unerwartet einem wunderbaren Mann gegenüberzustehen. Aber eine Garantie gibt es auch nicht. Natürlich wäre das Risiko noch hinzunehmen im Gegensatz zu dem Zweck, mit dem wir diese Richtung einschlagen sollen. Es würde dann nämlich vor allem darum gehen, ihn zu SUCHEN. Was heißt denn das konkret, wenn wir beim Beispiel Uni bleiben? Sollen wir uns etwa in einer Informatik-Vorlesung langweilen, nur weil theoretisch dort jemand sitzen könnte, der uns gefällt? NEIN. Niemals. Solche Mätzchen machen WIR doch nicht. Schon gar nicht JETZT. Mit 50+ zur Uni, um einen Mann aufzuspüren, das ist nun wirklich *too much*. Jede Unternehmung, NUR um einen Mann kennenzulernen, ist pure Zeitverschwendung.

Tatenlos rumhocken bringt's aber auch nicht. Wir müssen uns schon rühren. Es macht keinen Sinn, sich zu vergraben, nur weil uns bei der oberflächlichen Ausschau gerade kein Typ begeistern kann. Das Prinzip *no meet, no mate* (kein Treffen, kein Kumpel) gilt nämlich auch JETZT. Wenn wir uns nicht bewegen, kommen auch keine neuen Energien auf uns zu. Sehen und gesehen werden – dieses Muster ist unabdingbar, wenn wir einen Menschen entdecken und selbst jemandem gefallen wollen. Man muss uns wahrnehmen können, wenn auch wir wahrgenommen werden möchten.

Ein großes Problem auf dem Weg zu Mr. Right ist gleichzeitig eine unserer größten Stärken: Wir können es uns zuhause schön machen. Wir müssen nicht losziehen und vor der Einsamkeit fliehen. Wir haben Freundinnen. Wir haben Kinder, Schwiegerkinder, Enkel. Wir haben Kollegen. Wir haben Nachbarn. Wir können kochen und Partys schmeißen. Wir sitzen auf unserem Balkon oder im Garten. Wir leiden nicht eine Minute unter Langeweile. Nein, WIR brauchen Mr. Right nicht. Wir haben uns prima eingerichtet – jede Frau in ihrem besonderen Cocooning 50+, das sie wie eine wärmende Decke schützt und umhüllt.

Ja, wenn uns eigentlich nichts fehlt, kann uns das schon faul machen. Wir bleiben lieber daheim. Genau das kann also die Sackgasse auf der Strecke zu IHM sein. Von selbst kommt er nicht in unseren verborgenen Freundes-Familien-Kosmos geflogen. Diesen Traum können wir abhaken. Wer Mr. Right will, muss also den persönlichen Radius schon weiten. In dieser Hinsicht haben die Partnerschafts-Experten recht. Nur wie wir es machen und mit welchem Impuls, das sollten wir nach unseren ganz speziellen Bedürfnissen NEU ausrichten.

Eines steht über allem: Wir wollen uns die CHANCE auf ein neues Liebesglück einräumen. Aber wir wollen nichts erzwingen. Wir möchten den Richtigen nicht auf Gedeih und Verderb einfangen müssen. Mit 50+ wollen wir uns nicht in der Rolle der Männerjägerin wiederfinden. Solche Auftritte, wie wir sie bei sehr ambitionierten Ladys immer wieder beobachten, können sehr peinlich geraten. Die gezielte Recherche nach einem Mr. Right birgt ja immer die Gefahr, dass wir uns zu sehr in das Ziel verstricken, unbedingt einen Mann erwischen zu müssen. Nach dem Motto: »Einer SOLL jetzt aber mal dabei sein.« Aber das ist ein einziger Krampf – und diese Anspannung strahlen wir dann auch aus. Diese sichtbare Anstrengung der so Mann-fixierten Frau kommt nicht gut an. Wenn uns dagegen der Flair von Spaß und Lebenslust, von Zufriedenheit und persönlichem Glück umgibt, wirkt das ungemein anziehend. Das heißt: Wir müssen ganz bei UNS SELBST und happy mit unserem Leben sein, so wie es ist, soll sich ein Mr. Right dorthin verirren.

Natürlich wollen Sie endlich mal einen Mr. Right zu Gesicht bekommen. Sie wollen ihn in Augenschein nehmen und erst einmal ganz unverbindlich *in touch* mit ihm sein. Doch wenn Sie sich in Ihren eigenen vier Wänden verschanzen, wird das nicht gelingen. Machen Sie sich also auf. Knüpfen Sie Kontakte, aber nur solche, die Ihnen auch Laune machen. Gucken Sie ganz genau hin – aber zuerst auf SICH SELBST, nicht auf die Männer.

Wir werden jetzt nicht irgendwo aufkreuzen, nur weil wir dort einen guten Typen vermuten. Wir gehen nicht in ein Gustav-Mahler-Konzert, obwohl wir lieber italienische Schlager mitsingen. Wir melden uns nicht im Golfclub an, obwohl wir vollkommen unsportlich sind und lieber Paella beim Portugiesen schmausen. Wir besuchen keinen Lesekreis und geben uns literaturbeflissen, obwohl wir in Wahrheit lieber in der »Bunten« schmökern. Wir geben nicht die begeisterte Fußballbraut und bibbern auf einer zugigen Tribüne, obwohl es uns viel mehr in die neue Ausstellung in der Kunsthalle zieht. Selbst wenn da jemand wäre, den wir gut finden, würde das noch lange nicht heißen, dass er der Richtige ist. Wenn schon am Anfang eine Lüge bezüglich unserer Interessen steht, wie falsch soll dann erst eine sich daraus ergebende Beziehung werden?

Wenn wir anfangen, einen Mann zu suchen, ihn aber nicht finden oder nur den falschen, vertun wir unsere Zeit. Unser Sinn kann deshalb nicht sein, unter Hochdruck einen neuen Partner aufzutreiben. Unser Lebensinhalt mit 50+ besteht darin, unsere Interessen und Sehnsüchte zu erkennen und sie zu leben. Gesellt sich dann ein Mr. Right hinzu, finden wir das natürlich wunderbar. Wenn wir ERFÜLLT sind von unseren Vorhaben, lernt er uns lieben, wie wir tatsächlich sind und nicht, wie wir uns geben. Jetzt leisten wir es uns, zu 100 Prozent authentisch zu sein. Das macht UNS glücklich – nebenher schließen wir Irrtümer aus. Und Mr. Right weiß genau, WAS er kriegt.

Deshalb heißt unser Mantra heute: Ich bin, wie ich bin – und ich bin glücklich mit MIR. Tun Sie einfach das, was Sie wirklich wollen:

- *Sie puzzeln gern im Garten herum? Okay, dann grasen Sie alle Pflanzen-Center und Terrakotta-Ateliers ab und überlegen Sie, wie Sie Ihre Kenntnisse bei Seminaren und Vorträgen oder in Gärtnereien erweitern. Es gibt Reisen zu den schönsten ländlichen Anwesen – bei uns, in Europa, weltweit. Sie könnten sich von dem »grünen Prinzen« Charles of Wales mit seinen kunstvollen Gärten oder Malereien inspirieren und verführen lassen. Und wenn Sie Ihrer Liebe zu Blumen und Bäumen folgen, ist es gut möglich, dass Sie bei der Ideen-Pirsch einem Mr. Right in die Arme fallen. Warum denn nicht? Wenn er plötzlich vor Ihnen stehen sollte, wäre das himmlisch. Wenn nicht, haben Sie etwas für SICH getan.*
- *Sie möchten eine Königin am Herd werden, weil Sie gern essen und eine reich gedeckte Tafel lieben? Das Angebot*

ist riesig, wenn Sie Ihre Fertigkeiten verfeinern wollen:
Kochkurse, Kochshows, Koch-Urlaub im Süden. Hof- und
Schlossküchen öffnen ihre Pforten. Kochbücher und Lite-
ratur über Weine werden in Kneipen, Restaurants oder
großartigen Bars und Hotels vorgestellt. Sie können auf
Trödel- und Antikmärkte gehen. Geschirr und Bestecke
sammeln. Wer darin aufgeht, ist immer auf der Walz. Nicht
ausgeschlossen, dass dort ein Mr. Right herumgeistert. Kom-
men Sie über Ihre Interessen ins Gespräch mit jemandem,
ist es gut. Wenn nicht, haben Sie ganz viel Neues gesehen,
Anregungen bekommen und sehr viel Sinnlichkeit gelebt –
für SICH.

- *Sie wollten schon längst in die Porzellanmalerei einsteigen?*
  Diesen lang gehegten Traum umzusetzen, wird Ihnen ein
  neues Lebensgefühl schenken. Den Fokus auf Schönheit
  lenken. Innere Ruhe finden. Den Pinsel in Farbe tauchen.
  Eine Rose oder ein Mosaik auf Ihre Lieblingstasse zaubern.
  Ein Werk schaffen – und beseelt mit glühenden Wangen
  der besten Freundin davon in einem Lokal beim Prosecco
  erzählen. Und dabei nicht einen Gedanken an Mr. Right
  verschwenden. Vielleicht hat er Sie aus der Ferne beobachtet
  und kommt nun auf Sie zu? Gerade weil Sie gar nicht damit
  rechnen und gar kein Interesse an ihm zeigen.

- *Sie haben Lust auf ein neues persönliches Umfeld? Schauen*
  Sie sich um, welche Möglichkeiten es in Ihrer Nähe gibt.
  Vielleicht finden Sie neue Freundinnen im Frauen-Gym oder
  beim Yoga. Vielleicht treffen Sie interessante Gesprächs-
  partner bei Initiativen für eine gesündere Umwelt oder für
  Denkmalpflege. Vielleicht besuchen Sie auch mal einen
  Vortrag, der sich mit der Verschönerung Ihrer Straße befasst
  oder mit Stadtplanung und Architektur. Oder Sie setzen sich
  in eine Lesung in Ihrer Buchhandlung. Wenn Sie Raum für
  neue Interessen schaffen, begegnen Sie neuen Menschen. Sie
  erweitern Ihren Horizont – UND Ihren Bekanntenkreis. Sie
  sehen andere und werden von anderen gesehen. Vielleicht ist
  Mr. Right dabei. Wenn nicht, haben Sie etwas für Ihre per-
  sönliche Entwicklung getan und ein neuen Kreis gefunden,
  der Ihnen guttut.

Die Liste der Wege, die zum ganz persönlichen Glück führen können, ließe sich unendlich fortführen. Ob wir mit unseren geliebten Enkelkindern am Strand toben, eine Auto-Rallye organisieren, einen Chor gründen, Kleider für uns selbst designen, Flüchtlingskinder betreuen, Reiten lernen, einen Hund anschaffen, in einem Nebenjob aufgehen oder beginnen, Möbel zu restaurieren und sie zu verkaufen – wenn wir darin einen Sinn sehen, tun wir etwas für UNS. Wer liebt, was er tut, findet Erfüllung. Wer sich erfüllt fühlt, hat ein gutes Charisma, ist ganz bei sich und hat ein eigenständig geschaffenes Selbstwertgefühl. Die Frau 50+, die IHR Leben lebt, so wie sie es gern möchte, ist nicht nur ein ausgeglichener Mensch. Sie ist auch viel unterwegs und trifft viele Leute – aber eben nicht, um DEN Mann zu suchen.

Unsere Haltung zu einem möglichen Lebenspartner ist heute anders als früher. Wir sagen uns: Wenn Mr. Right schlau ist, wird es was mit uns. Wenn nicht, dann hat ER Pech gehabt. Und wetten, dass uns mit dieser entspannten und souveränen Einstellung plötzlich ganz nette Jungs 50+ begegnen? Ja, nur so werden wir fündig. Wie bereits gesagt, es darf nicht auf unserer Stirn geschrieben stehen, dass wir uns den richtigen Mann wünschen. Wenn wir nicht ständig daran denken, werden wir auch nicht enttäuscht. Heute wissen wir, dass wir das Glück nicht suchen können, sondern dass es uns findet. Am ehesten kommt es zu dem, der sich nicht darauf fixiert, sondern sich überraschen lässt.

Liegt das Glück im Internet?

Es grenzt an Zauberei. Ein Klick und wir haben IHN. Aus Millionen und mehr möglichen Kandidaten können wir über digitale Partnerschaftsvermittlungen auswählen. So geht die Mär. Kein Ratgeber, der uns nicht dorthin verweist, wenn sich im normalen Leben kein Mr. Right zeigt. Onlinedating also als Allheilmittel für die Singles, die sich wieder verlieben wollen. Und Anleitungen gibt es oft gleich dazu, wie wir am besten DEN Richtigen auftun. Das Mantra für den virtuellen Flirt geht so: Wir sollen ehrlich sein. Wir sollen uns so darstellen, wie wir sind. Wir sollen erklären, wie wir uns unseren Wunschpartner vorstellen. Diese Angaben werden in den Computer gespeist und wir können uns mit Suchhilfen und Matching-Systemen auf Partnerschau begeben. Das Versprechen dahinter heißt: Du lernst den Menschen kennen, der am besten zu dir passt. Und das klingt fast zu schön, um wahr zu sein.

Wir wollen diese Möglichkeit, jemanden kennenzulernen, keineswegs abwerten. Immerhin versucht ein Drittel der Geschiedenen 50+ das Glück bei Partnerschaftsbörsen und in Chatrooms zu finden, so die Psychologie-Professorin Pasqualina Perrig-Chiello. Und es mag durchaus Vorteile haben, dort einmal vorbeizusehen.

Denn ja, es gibt im Internet tatsächlich Männer wie Sand am Meer. Die Bandbreite ist beeindruckend. Nirgends können wir mit so vielen verschiedenen Menschen einen Kontakt herstellen wie hier – und zwar sehr bequem vom heimischen Sofa aus! Diese Möglichkeiten, eine Verbindung zu Männern zu knüpfen, sind ohne Frage gigantisch und eröffnen weitere Chancen, das Partnerglück zu finden. Außerdem: 75 Prozent aller Paarbeziehungen, die online begannen, existieren zwei Jahren später noch. So betrachtet lohnt es sich, im Netz zu daten.

Auf einer Dating-Plattform ist es natürlich einfacher, mit IHM in Kontakt zu kommen. Man muss sich nicht einmal in die Augen schauen, weil wir uns ja anonym vorstellen. Und das Gespräch mit einem virtuellen Mann, den wir noch gar nicht kennen, kann merkwürdigerweise sehr viel offener und häufig sogar intimer sein als mit einem guten Bekannten oder Kollegen. Soziologen sprechen von dem *Stranger in the train*-Phänomen, wenn wir uns einem Unbekannten gegenüber sehr schnell öffnen. Der Begriff ist angelehnt an unseren Austausch mit Reisebekanntschaften für die Dauer eines Fluges oder einer Zugreise. Es kann ja tatsächlich passieren, dass wildfremde Menschen am Ende eines solchen Trips unsere ganze Familiengeschichte kennen. So viel haben wir erzählt und ausgeplaudert, um die Zeit herumzukriegen.

Bezogen auf die Mr.-Right-Suche im Internet bedeutet dieses Phänomen: Wir kommunizieren eleganter und leichter mit dem uns unbekannten Gegenüber. Wir äußern Dinge, die uns im Talk von Angesicht zu Angesicht nicht so entspannt über die Lippen kommen würden. Damit entsteht fix ein besseres und vertrauteres Bild vom anderen, wie wir es sonst vermutlich erst nach sehr viel längerer Zeit hätten. Ja, man erfährt ganz viel voneinander. Und man selbst ist ungezwungener. Vielleicht kommt man auch lustiger rüber, zumindest aber sympathischer. Es ist sofort eine wie auch immer geartete Beziehung da – und wir checken sofort, ob wir an IHM weiter interessiert sind.

Der Vorteil beim Kontaktanbahnen im Internet liegt darin, dass wir sehr unkompliziert mit einem potenziellen Kandidaten ins Gespräch kommen. Hier geht alles schneller, intensiver, näher und keineswegs nur flüchtig. So gesehen spricht überhaupt nichts dagegen, Onlinedating auszuprobieren – wenn man es will.

Doch die Frage bleibt: Wie happy macht die Wunschmaschine Internet uns Frauen 50+? Nun, das hängt auch hier unter anderem davon ab, wie kompatibel unsere Vorstellungen mit denen der Männer sind, die wir dort antreffen. Wie überall können wir uns auch online sehr täuschen. Und nicht nur das.

Irrtum No. 1

Wir finden DAS PERFEKTE. Wir haben ja gesagt, was wir wollen und was wir suchen. Aber wir werden feststellen, dass jeder Mann ein Individuum ist. DAS Perfekte gibt es nicht. Jeder Mensch ist anders und einzigartig. Jeder hat seine Glanzseite, die uns verzaubert, und seine Angewohnheiten, die man mit Nachsicht betrachten muss. In jeder Beziehung müssen wir Kompromisse schließen. Auch mit 50+. Außerdem: Wer ist überhaupt ein passender Partner, den die Matching-Systeme im Internet versprechen? Einer, der in allen Bereichen so tickt wie wir, muss uns nicht zwingend begeistern, wenn wir ihn treffen. Er kann uns genauso gut langweilen, weil jemand, der uns sehr ähnlich ist, wahrscheinlich gar nicht so spannend ist. Aber HEUTE wollen wir einen Partner, der uns inspiriert. Deshalb ist es fraglich, ob die Online-Partnerkriterien »passend« und »ähnlich« für uns überhaupt so wertvoll sind.

Irrtum No. 2

Wir treffen DEN Richtigen. Wir haben ja schon so viel hin- und hergeschrieben. Und wir haben uns super verstanden. ER trifft genau unseren Ton – und unser Herz macht einen Satz. Er könnte also ein Mr. Right sein! Und dann verabreden wir uns zum ersten Date, das ist die Feuerprobe. Nicht selten kommt dann alles anders als erhofft und gedacht. Der Mann, der vor uns sitzt, entpuppt sich als eine einzige Enttäuschung.

Wie können Erwartung und Ergebnis nur so weit auseinanderklaffen? Es liegt an der Form unserer Kommunikation. Wir haben geschrieben, mehr nicht. Wir haben uns nicht gegenübergesessen und angesehen. Wir haben nicht miteinander gesprochen. Wir haben ihn nicht angefasst. Im Internet kriegen wir nicht mit, wie ein Mensch »schmeckt« und »riecht« und wie seine Stimme klingt. Wenn wir jemanden nur auf der Basis geschriebener Texte erleben, wissen wir zu wenig von ihm. Ob ein Mann für uns wirklich interessant ist, können wir erst beurteilen, wenn wir ihn als Gesamtpaket erfühlen. Die richtige Chemie in einer Beziehung lässt sich eben nicht per Matching- oder Suchsystem bestimmen. Und da unsere Ansprüche mit 50+ steigen, kann es durchaus passieren, dass wir beim ersten Date aus allen Wolken fallen, wenn dann der Online-Flirt live vor uns steht.

Irrtum No. 3

Bei DER Auswahl wird wohl ein Passender dabei sein. Ja, im Internet gibt es viele Frösche, die man küssen kann. Aber macht uns Frauen über 50 das wirklich glücklich? Wenn wir ehrlich sind: Nein. Heute gehen wir nicht mehr so leicht von einem Mann zum nächsten. Selbst wenn wir noch keine wirkliche Beziehung aufgebaut hatten, kann allein der Aufwand uns gehörig auf den Zeiger gehen. Immer wieder neu schreiben, neu um Zustimmung werben, neu sich mit einem Fremden auseinandersetzen – das kann anstrengend sein. Möglich ist auch, dass wir keinen wirklichen Draht zu irgendeinem Mann bekommen. Wenn klar ist, dass genug andere auf der Datingliste stehen, wird man sich eventuell gar nicht mehr die Mühe machen, wirkliche Verbindungen aufzubauen. Es ist so, als würden wir zu viel Schokolade essen. Ist die Tafel weg, mögen wir nicht mehr. So droht die Gefahr, dass das Dating beliebig wird. Am Ende wissen wir gar nicht mehr genau, WEN wir da eigentlich treffen oder getroffen haben. Aber wir Frauen 50+ wollen nicht irgendetwas, sondern das Ausgesuchte: einen besonderen Mann. Qualität geht vor Quantität – JETZT mehr denn je.

 ## Irrtum No. 4

Für Frauen 50+ heißt die Rettung heute Onlinedating. Kein Ratgeber, in dem Psychologen uns nicht die Partnervermittlung im Internet ans Herz legen. Motto: »Dort gibt es genug Männer in unserem Alter, die eine Beziehung suchen.« Ja, das ist richtig. Männer schauen genauso nach einer neuen Liebe wie Frauen auch. Die meisten meinen es auch ernst, sie wollen eine dauerhafte, seriöse Beziehung. Da gibt es keinen Unterschied. ABER: Männer suchen meist Frauen, die mindestens zehn Jahre jünger sind als sie.

Für diesen Fall haben die Psychologen gleich einen Zusatztipp für uns parat: Frauen 50+ müssen selbst aktiv werden und Männer in ihrem Alter anschreiben. Denn kaum ein Mann würde sich von selbst bei uns melden – wegen des Alters. Diese Erfahrung machen sehr viele Frauen, die sich im virtuellen Flirtroom bewegen. Eine häufige Erfahrung: Wenn sie schreiben, dass sie 50 oder 55 oder 60 sind, meldet sich niemand. Versuchen sie es hingegen mit der Angabe 40 oder 45, landen sofort zehn Kontaktanfragen im E-Mail-Ordner. Ja, so kann es laufen. Aber nicht in jedem Fall. Selbstverständlich finden sich Paare jeden Alters im Internet. In unserem wird es nur wesentlich schwieriger.

 ## Fazit

Was wir Ladys 50+ daraus lernen, liegt auf der Hand: Wir verlassen uns nicht auf das Internet. Liebe lässt sich nicht googeln und bestellen wie ein Staubsauger oder ein Lippenstift. Wir können versuchen, einen interessanten Kontakt herzustellen. Nur darf man an den Ausgang einer solchen Initiative keine übersteigerten Erwartungen haben. Ein Mann, der uns nicht antwortet oder nicht will, weil wir 50 und mehr Jahre sind, kann uns leidtun – aber sein Verhalten verletzt uns nicht mehr. Und nie und nimmer kann ein solcher Typ der Richtige für uns sein. Die guten Männer haben kein Problem mit Frauen 50+. Mr. Right nimmt uns, wie wir SIND.

WO der nun gerade steckt, ist eine Frage, die WIR mit 50+ uns so nicht mehr stellen wollen. Wir leben UNSER Leben. Mr. Right wird uns begegnen, wenn wir es gar nicht erwarten. Er wird dort auf uns zukommen, wo WIR uns gerade gern aufhalten. Er wird auf uns aufmerksam, wenn wir mit uns im Reinen sind. Und er wird mit uns eine Beziehung eingehen, wenn WIR es so wollen. WIR entscheiden! Das ist der Lauf der Dinge, wenn ein Mann in unserem Kosmos noch einmal einen Platz finden soll.

Noch mal in wenigen Worten: Sie schauen sich um und entdecken nur schwerlich einen Mann, der für Sie infrage kommen kann. Sie fragen sich, wo die guten Männer 50+ sein könnten. Wo könnten Sie sie aufspüren? Sie finden heraus, dass das eine Herkulesaufgabe sein kann. Und Sie stellen fest, dass Sie an dieser heiklen Situation vielleicht nicht ganz unschuldig sind. Vielleicht gehören Sie auch zu denen, die von den falschen Voraussetzungen ausgehen. Einige von uns müssen sich eingestehen, dass ihr Blick für das Kennenlernen nicht taugt. Und wir sehen auch ein, dass wir etwas Grundsätzliches auf dem Weg zu Mr. Right ändern müssen: Wir suchen nicht mehr. Mit Glück finden wir ihn. Und bis es so weit ist, kümmern wir uns um uns selbst. Wir überlegen, welche Interessen wir haben und wie wir sie umsetzen. Wie werden wir glücklich? Dabei erweitern wir nicht nur unsere persönliche Zufriedenheit, sondern auch den Radius unseres Freundes- und Bekanntenkreises. Wir verbringen unsere Zeit damit, unsere Bedürfnisse zu erfüllen – aber nicht mehr mit der SUCHE nach Mr. Right. Das wird uns ausgeglichen und zufrieden machen. Die besten Voraussetzungen dafür, einen Mr. Right zu treffen und zu begeistern. HEUTE fragen wir uns nicht mehr, wo Mr. Right wohl stecken mag. Wir denken einfach nicht mehr daran. Es ist nur eine Frage der Zeit, bis er vor uns steht.

11

Prominente Ladys und ihre neue Liebe 50+

Alles steht wieder auf Anfang. Ein neues Gefühl. Ein neues Lachen. Eine neue Hoffnung. Eine neue Zukunft. Wie schön eine frische Liebe mit 50 und mehr Jahren aussehen kann, zeigen uns immer wieder auch die Frauen, über die wir in People-Magazinen oder Feuilletons lesen.

Eine dieser Geschichten schrieb der heiße Sommer 2018. Es ist September. Und sie lacht wie ein junges Mädchen. Ganz in Weiß tritt sie im Dom von Oderzo nördlich von Venedig vor den Traualtar. Mit 53 Jahren gibt Désirée Nosbusch ihrer neuen Liebe, einem Kameramann, ihr kirchliches Ja-Wort. Den leise wehenden Schleier halten nicht die vielen Freundinnen, die auch dabei sind, sondern Tochter und Sohn aus ihrer ersten Ehe. Die Schauspielerin und Moderatorin hatte bereits nach der standesamtlichen Hochzeit geschwärmt: »Ich habe das erste Mal aus vollster Überzeugung und Liebe geheiratet und habe es auch jetzt getan.« Die Bilder dieses reifen Glücks laden zum Träumen ein. Das schulterlange, brünette Haar ist an diesem Tag zum Chignon gebunden. In den Händen hält die Braut ein kleines, feines Bouquet aus weißen Calla-Stielen, das Symbol für Unsterblichkeit. So also kann ein großes Gefühl aussehen, wenn es uns jetzt noch einmal trifft. Diese Bilder sind keine Aufnahmen aus einem Sehnsuchtsportal, sondern real. Jede Frau in der Lebensphase 50+ hat diese Chance. Jede kann jetzt dem Menschen begegnen, der das Leben vollkommen macht.

Es sind großartige Frauen, mit denen wir uns mitfreuen dürfen. Aber können wir mit ihnen mithalten? Offenbar sind sie zeitlos in allem, was sie tun und wie sie öffentlich in Erscheinung treten. Bei ihnen sieht immer alles so aus, als hätten sie es leichter als WIR. Vor allem wenn wir lesen, wie *happy in love* sie gerade sind. Haben sie mehr Glück in der Liebe als WIR? Sind sie begehrter, weil sie schön, unabhängig und umschwärmt sind? Haben sie etwas, das WIR nie haben werden, weil uns niemand kennt? Sind ihre Chancen größer, weil sie sehr viel mehr in der Welt herumkommen als wir? Fragen über Fragen. Vorurteile über Vorurteile. Wenn es um die Frauen geht, die wir auf der Bühne, im Fernsehen oder auf der Leinwand erleben, haben wir eine feste Vorstellung davon, warum bei ihnen so viel anders – vielleicht auch glücklicher – verläuft. Und wenn es um Beziehungen geht, ist sowieso klar, warum sie scheinbar mehr Fortune haben als WIR.

Ja, so nehmen wir sie wahr, egal was bei ihnen gerade los ist: Die *Trophy-Women* aus Theater, Kino und TV haben die viel besseren Karten bei Männern, weil sie in jeder Hinsicht attraktiver sind als WIR. So kommt es uns zumindest vor, wenn sie gerade mal wieder »ihren Neuen« auf dem roten Teppich präsentieren. Und vehement erklären wir ihren Erfolg in dieser Hinsicht nahezu ausschließlich mit ihrer Prominenz. Natürlich ist da etwas dran. Jeder Mann ist stolz, wenn er eine Frau erobert, die von vielen Menschen bewundert wird. Ihr Glanz fällt ja jetzt auch auf ihn – und er darf sich sonnen darin. Welchem Mann gefällt das nicht? So besehen sind prominente Frauen im Vorteil.

Doch keineswegs sind Schönheit und Ruhm eine Gewähr für Glück. Das Gegenteil ist viel häufiger der Fall, wie es so viele wechselvolle Biografien in der Glamour- und Glitzerwelt offenbaren. Denn selbstverständlich erleben diese bejubelten Frauen die gleichen *ups and downs* in der Liebe wie WIR. Aber nicht nur deshalb schauen wir mit ungebrochenem Interesse auf sie. Prominente Menschen geben dem Thema Liebe mit 50+ ein Gesicht. Sie sind unser Spiegel, in dem wir uns selbst betrachten können. Gucken wir auf sie, sehen wir UNS. So wie sie vielleicht eine Liebe verloren haben, ist es uns auch schon widerfahren. Und so wie sie jetzt ihren Mr. Right mit 50+ getroffen haben, kann es jeder Frau auf dieser Welt ergehen.

Nur, wie machen sie das? Wie erklären sie sich selbst die neue Liebe? Wie haben sie das hingekriegt? Nun, auch sie haben KEIN Rezept für Glück. Sie empfinden es als großes Geschenk, einen Seelenpartner gefunden zu haben. Und noch mehr als eine große Überraschung. So spät noch einmal einen Mr. Right zu treffen, das stand bei keiner dieser Ladys auf der Agenda. Und wenn wir jetzt auf solche neuen Beziehungen 50+ schauen, halten wir uns an die Frauen, die in jeder Hinsicht eine Güteklasse für sich sind.

Judi Dench, die »M« aus James Bond und Chefin des Agenten 007, war bereits neun Jahre verwitwet, als sie sich wieder verliebte. Damit hatte sie überhaupt nicht gerechnet. In einem Interview mit »Bunte« (Ausgabe 41/2017) sagte sie: »Ich war 30 Jahre minus drei Wochen verheiratet. Als Mikey (ihr Ehemann, der britische Theaterstar Michael Williams, Anmerkung der Autorin) 2001 starb, dachte ich, danach kommt nichts mehr.« Aber dann, sie war 76 Jahre alt, erhielt sie eine Einladung zur Eröffnung eines Naturgeheges für Eichhörnchen, das im Mills-Park in der englischen Grafschaft Surrey liegt, ganz in der Nähe des Anwesens der Schauspielerin. Benannt ist der Wild-Zoo nach dem markant aussehenden Umwelt- und Tierschützer David Mills, der auch der Gastgeber war. Seit dieser Zeit sind die beiden ein Paar. Sie nennt ihn einen »jolly nice friend«, einen lustigen, netten Freund. Er sei ein großartiger, wunderbarer und liebender Freund, sagt sie über den acht Jahre jüngeren Gefährten. Er sei jemand, so erklärte sie weiter in dem »Bunte«-Interview, »der mich zum Lachen bringt und mit dem ich eine schöne Zeit verbringen kann. Ich liebe es zu lachen. Ohne Humor wäre das Leben schrecklich«.

Und ohne Sex geht es auch nicht. Zumindest dürfen wir Judi Denchs Worte anlässlich der Kinopremiere des Films »Victoria & Abdul« so verstehen. Der Film schildert die enge Beziehung zwischen Königin Victoria und ihrem 44 Jahre jüngeren indischen Diener. Judi Dench sprach sehr entspannt über das Thema Sex im Alter. Dem TV- und Radioprogramm »Radio Times« sagte sie: »Natürlich begehrt man noch. Geht das jemals weg?« Und dem älteren Publikum gab sie den Rat: »Geben Sie nicht auf.« Wer so spricht, muss eine glückliche Lady in der Liebe 50+ sein.

Ebenso überrumpelt von einer neuen Liebe war die Bestsellerautorin **Isabel Allende** (»Das Geisterhaus«). Sie hatte sich im Jahr 2015 nach 27 Jahren von ihrem zweiten Ehemann, dem US-Krimiautor William C. Gordon, scheiden lassen. Der Zeitung »Welt am Sonntag« (vom 4.8.2018) sagte sie: »Ich dachte: Jetzt wirst du für den Rest deines Lebens allein bleiben.« Es war keine leichte Zeit – bis sie sich in einen Anwalt aus New York verliebte. Diese späte Leidenschaft beschreibt sie in dem Interview so: »Jetzt durchleben wir eine heiße Romanze. Mit 76 – und es gibt nichts, was daran obszön wäre.« Es sei auch nicht anders als bei Teenagern. Mit einem Unterschied: »Liebe im Alter ist wie ein Schrei nach Leben, sie ist sehr besonders, weil du weißt, dass der Tod nicht mehr weit entfernt ist.« Die Zeit ist wertvoll und damit steigt auch die Kostbarkeit des Augenblicks. Es sei jetzt kein Platz mehr für Engstirnigkeit, Gehässigkeiten, Groll und Verachtung, für all diese Dinge, die Paaren oft im Weg stünden. Ihr New Yorker Freund ist zu ihr nach Kalifornien gezogen. Der »Süddeutschen Zeitung« sagte Allende laut dpa (17.11.2018): »Ich finde es toll, dass er einfach so zu mir gekommen ist (…) Ich wäre nicht bereit gewesen, nach New York zu ziehen.« Liebe Ladys, auch dieses Beispiel zeigt: WIR wissen, was wir wollen – und was wir nicht mehr wollen. WIR entscheiden.

Wie wunderbar Liebe mit 50+ geht, lesen wir auch aus den Worten heraus, mit denen die Schauspielerin **Uschi Glas**, 74 Jahre, über ihre zweite Ehe mit dem Unternehmensberater Dieter Hermann spricht. Als sie ihn bei einem Golfturnier kennenlernte, hatte sie gerade die Scheidung von ihrem ersten Mann hinter sich gebracht. Auch sie hatte überhaupt nicht daran gedacht, dass sie noch einmal ein solches Glück erleben könnte. Und es klingt geradezu paradiesisch: Mit ihrem Mann, er ist acht Jahre jünger als sie, gibt es keinen Streit, obwohl man natürlich unterschiedliche Standpunkte diskutiere. Die Beziehung ist von gegenseitigem Respekt getragen. »Heute weiß ich, wie schön das Leben sein kann, wenn man mit seinem Mann perfekt harmoniert«, sagte Uschi Glas der Zeitschrift »Bunte« (Ausgabe 43/2017). Es gebe sehr viele Übereinstimmungen zwischen ihnen. Und es sei eine tolle Erfahrung, dass man sehr wohl die gleichen Lebensanschauungen haben könne und die

Beziehung trotzdem spannend sei. Über diese zweite Ehe in ihrem Leben sagt sie auch: »Er hört mir zu, nimmt mich ernst, packt mit an. Wir sind ein unschlagbares Team.« Kann Liebe 50+ überzeugender klingen?

Das Geheimnis solch wunderschöner Erfahrungen sind Respekt und Demut, Selbstbewusstsein und Entschlossenheit. Das ist das Fundament einer Liebe, die uns erwischt, wenn wir schon einen ganzen Teil an Leben hinter uns haben. Unser Vorteil: Wir wissen jetzt mehr. Wir haben erfahren, wie schnell ein Band zu einem geliebten Menschen zerreißen kann. Wir erkennen, dass wir eine Beziehung wie einen Schatz hüten müssen – und wollen.

Liebe heute ist anders. Sie ist behutsam. Sie ist intensiv. Aber wir verbrennen nicht mehr, weil wir besser auf uns aufpassen.

So sieht es Schauspielerin Michaela May

Eine neue Liebe mit 50+ braucht manchmal viel Mut und Courage, zum Beispiel dann, wenn man ein altes Leben erst abschließen und hinter sich lassen muss. Wie komplex und beglückend zugleich eine solche Veränderung sein kann, erlebte die Schauspielerin Michaela May. Vollkommen »überrollt von diesem Gefühl« sei sie gewesen, als sie sich in den Regisseur Bernd Schadewald verliebte, sagt sie. Sie war 52, verheiratet, Mutter von zwei Töchtern. Darf man das alles »aufgeben«, weil vollkommen unerwartet ein neues Gefühl entsteht? Die Antwort auf diese Frage erforderte Geduld und Zeit. Am Ende ließ Michael May sich scheiden und heiratete im Jahr 2006 ein zweites Mal. Wie sich das zweite Glück anfühlt, erklärt sie in unserem Gespräch über ihre Erfahrung mit einer neuen Beziehung in unserer Zeitphase jetzt.

Claudia Hagge: Das Glück, mit über 50 Jahren noch einmal einer ganz großen Liebe zu begegnen, wünschen sich viele Frauen. Bitte verraten Sie, wie so ein großes Glück geht.

Michaela May: Das Wichtigste: Glück kann man nicht suchen! Sonst würde man ja ständig glücklich sein. Man kann aber etwas dafür tun, dass uns das Glück bestrahlt. Denn Glück, so glaube ich, hängt auch sehr viel davon ab, wie glücklich wir selbst sind und dadurch auf andere Menschen wirken.

Und unsere eigene Ausstrahlung wird ja durch alle Erfahrungen immer besser, oder?

Wahrscheinlich ist es tatsächlich eine Frage des Alters, sich selbst besser zu kennen. Wir haben erfahren, wann wir glücklich sind oder wie wir glücklich sind oder auch unglücklich. Und wir wissen eher, was wir selbst für unser Glück tun können.

Was können wir denn dafür tun, damit das große Glück auf uns aufmerksam wird und zu uns kommt?

Ganz wichtig für mich ist »das eigene mit sich Zufriedensein«. Wenn ich unzufrieden bin, muss ich versuchen, die Ursachen zu finden und zu ändern. Wenn ich ein gutes Gefühl mit mir selbst habe, strahle ich das auch aus.

Kann auch das Äußere dabei eine wichtige Rolle spielen?

Wenn ich merke, ich gefalle mir nicht, dann sieht man mir das an. Wenn ich Falten habe, hilft es nicht, das Gesicht zu liften oder am Körper herumzuschneiden. Aber wenn ich fühle, dass ich zu dick bin, kann ich meine Ernährung ändern, mit Turnen anfangen, Sport machen. Wenn die Frisur langweilig wird, kann ich den Schnitt und die Farbe ändern. Mit Mut zur Veränderung kann man Glück beeinflussen. Wenn man sich selbst nicht mag, warum soll der andere einen mögen? Wenn man sich selbst nicht liebt, wie soll ein anderer mich lieben? Man sollte also erstmal versuchen, seine eigene Befindlichkeit zu verändern und alles unternehmen, um sich selbst gut zu fühlen.

Das kann ein schöner Anfang sein, wenn wir unser Leben verändern möchten. Aber das allein reicht wohl nicht, dem einen besonderen Menschen zu begegnen, der uns JETZT glücklich macht …

Wenn das Glück darin liegt, eine Zweisamkeit zu suchen, muss man rausgehen! Wenn ich nicht an die Menschen komme, an die ich gern kommen würde, muss ich erst etwas an meinem Leben ändern. Es kann ein neues Hobby sein, eine neue Beschäftigung, wie zum Beispiel ein Kochkurs, ein Malkurs, eine Reise, ein Literaturkreis. Ich kann mich einer Museumsgruppe anschließen oder einem Damenchor, da gibt es unendliche Möglichkeiten. Es ist alles gut, was einem das Herz öffnet und einen frei und offen für andere Menschen macht.

Sich für ein neues Glück »öffnen« – warum wird das ein besonderes Thema mit 50+?

Nach der Trennung von meinem ersten Mann kamen viele Frauen auf mich zu und sagten mir: »Wissen Sie, ich trau' mich ja gar nicht, meinen Mann zu verlassen. Ich habe ja mein ganzes Leben nur mit ihm und meiner Familie verbracht.« Und in diesem Kokon befinden sich viele Frauen. Man ist in einem Gewohnheitsrhythmus und hat wenige Chancen. Für das Glück muss man seine Poren erst wieder öffnen.

Wie war es bei Ihnen, als Sie sich entschlossen, ein neues Glück zu leben? Sie sagten, dass Ihre erste Ehe nicht schlecht gewesen sei. Aber gab es denn gar keine Anzeichen dafür, dass Sie »offen« sind für eine andere Liebe?

Nein, es gab keine! In meinem Fall war es so, dass ich keine Abnutzungserscheinungen in meiner ersten Ehe hatte. Ich war zufrieden und auch glücklich. Das Glück ist ja auch immer partiell und auf besondere Augenblicke beschränkt. Ich war sehr mit mir im Reinen.

Und doch ist dann auf einmal einfach so ein anderes Glück in Ihr Leben geschneit?

Ja, wenn man das Glück nicht sucht, kann es eben vorkommen, dass das Glück selbst einen aufsucht und man von der Emotionalität eines Menschen gepackt wird. Das war ein Gefühl, das ich so noch nicht kannte und bis zu diesem Zeitpunkt, als ich meinen jetzigen Mann traf, nicht erlebt hatte. Dieses unerwartete und überraschende Gefühl ist wie eine neue Farbe auf einem Bild gewesen. Auf einmal entdeckst du eine Leuchtfarbe, die du noch nie verwendet hast, weil sie in deinem Malkasten des Lebens noch nie vorhanden war. Und eine solche Erfahrung kann man nicht suchen.

Sie sagten über Ihren heutigen Mann, dass er einen Zugang zu Ihren Emotionen habe, wie Sie es noch nicht erlebt hatten. Erleben Sie in Ihrer zweiten Ehe so etwas wie Seelenverwandtschaft?

Ich bin Schauspielerin und da ist man sehr feinfühlig und sensibel für gleichklingende Emotionalitäten. Zum Beispiel für dieselbe Empfindung von Naturstimmungen. Außerdem kommt mein Mann als Regisseur aus demselben Beruf und hat deshalb in vielen Situationen ein ähnliches Gefühl wie ich. So ist es ja auch passiert, bei einem Film, den wir zusammen gemacht haben.

Was konkret ist anders in dieser neuen späten Liebe?

Mein Mann ist immer voll und ganz auf mich konzentriert. Er ist ganz nah bei mir – und ich bei ihm.

Brauchte die Künstlerin Michaela in der Lebensmitte einen Künstler, um sich noch einmal ganz verstanden zu fühlen?

Das hat vielleicht etwas damit zu tun. Wobei ich jetzt nicht sagen muss, dass man das große Glück nur in seiner Welt finden kann. Ich war mit meinem Exmann auch sehr glücklich, vielleicht gerade deshalb, weil es eine andere Welt als meine war. Ich möchte nicht das eine gegen das andere aufwerten. Ich kann nicht sagen, dass mein Glück heute besser und das frühere schlechter war. Ich kann sagen, es ist anders.

Aber ist Ihre zweite Ehe nicht auch deshalb anders, weil Sie sich mit 50 und mehr Jahren in einer völlig neuen Lebensphase befinden – und eine Liebe jetzt ganz anders gelebt werden kann?

Ja, natürlich, wenn man Kinder zusammen hat, konzentriert sich der gemeinsame Alltag und das ganze gemeinsame Leben auf die Kinder und die Familie. Ich habe meinen jetzigen Mann zu einem Zeitpunkt kennengelernt, an dem die Kinder groß waren. Da war der Raum wieder frei für das »Du« gegenüber. Und da kann man seinen Mann auch neu wiederfinden, wenn die Kinder aus dem Haus sind. Mein Gegenüber aber war beruflich sehr eingespannt – und ich auch. Jeder lebte in seiner Welt. Aber in unserem Fall entwickelte es sich dann anders. Ich war von meinem neuen Mann einfach fasziniert: Da kam jemand mit einer extrem großen Fantasie und einem mir unbekannten Einfühlungsvermögen für meine Person. Das alles war nur für mich, etwas, das ich in dieser Intensität durch den Familienverband nicht hatte. Das war meine zweite Chance im Leben, meine zweite Jugendliebe nach der Familie.

Aussteigen aus einer stabilen Ehe, dazu braucht es viel Mut. Was gab Ihnen die Gewissheit, das Richtige zu tun?

Es gab keine Gewissheit und keine Versicherung! Man ist nie sicher, den richtigen Weg zu gehen. Man ist nur sicher in der Liebe. Eindeutig in einer solchen Situation ist nur, dass man wahnsinnig verliebt ist, dass man für diesen Menschen extrem viel empfindet und dafür alles tut. Aber es ist natürlich ein Risiko, diesen Schritt zu gehen, ohne zu wissen, ob es auch wirklich funktioniert. Nach einer immerhin 30 Jahre dauernden Beziehung war es ein Sprung ins kalte Wasser. Nein, ich war nicht sicher. Es gibt auch jetzt keine Versicherung für die Liebe. Es gibt sie weder nach einem Tag noch nach einem Jahr oder nach zehn Jahren.

Mit weniger Mut hätten Sie sich vielleicht ja auch anders entschieden …

Natürlich kann man die Ratio einsetzen und sagen: »Ich muss jetzt vernünftig sein. Ich darf das nicht. Ich hab' ein schlechtes Gewissen gegenüber meinem Partner oder den Kindern.« Aber wenn das Liebesgefühl zu einem Menschen so stark ist und es dich wie ein Magnet dort hinzieht, dann kann man gar nicht anders, wenn man mit sich ehrlich ist. Aber auch ich hatte ein schlechtes Gewissen. Und zwar so stark, dass es mir selbst ganz schlecht ging. Ich musste mir Hilfe holen und habe eine Paarberaterin aufgesucht.

Wie hat sie Ihnen geholfen, was hat sie gesagt?

Sie sagte: »Sie dürfen sich verlieben. Sie dürfen das zulassen.« Und das war für mich ganz wichtig. Damit wurde ich meine Schuldgefühle los, und ich habe mir selbst gesagt: »Wenn es schiefgeht, dann hab' ich Pech gehabt, aber das ist besser und ehrlicher so.« Ich lebe lieber erst mal alleine, als zu einer Beziehung zurückzukehren, die durch ein anderes neues Gefühl überrollt wurde.

Wie haben Sie es am Ende geschafft, Ihr Leben noch einmal komplett umzukrempeln?

Dazu gehört auch eine gewisse Selbstliebe. Es ist die Sicht auf mich selbst. Ich sehe, dass ich auch allein sehr stark sein kann und auch stark genug, eine so große Lebensveränderung durchzustehen. Es ist meine Gewissheit, dass etwas Neues wachsen und blühen wird, wenn die neue Beziehung nicht gut gehen wird. Dazu gehört für mich ganz wesentlich auch eine Unabhängigkeit finanzieller Art. Die meisten Frauen, die mir damals nach meiner Trennung geschrieben haben, klagten, dass sie ihr ganzes Leben für die Kinder und den Mann da gewesen seien und sich selbst nichts aufgebaut hätten. Zum Teil schrieben sie auch: »Einen neuen Mann kann ich mir gar nicht leisten.« Zum Glück hatte ich dieses Problem nie. Aber die finanzielle Freiheit, sich für einen neuen Menschen entscheiden zu können, egal, wie es ausgeht, gehört zu diesem Glück dazu.

Es ist nie zu spät, neu anzufangen! Die Frauen der Generation 50+ beweisen es doch immer wieder …

Sicherlich. Aber man muss sich Unabhängigkeit schaffen, um ein Glück leben zu können. Ohne sie wird es schwierig, glaube ich, sowohl für die Frau als auch für den Mann.

Sie haben sich frei entscheiden können, aber für was haben Sie sich entschieden? Welche Ziele hat eine neue Liebe nach dem 50. Geburtstag? Was ist das besondere Glück jetzt?

Unser einziges Ziel war, so viel wie möglich miteinander zu sein, weil wir schon so viele Jahre verpasst haben zusammen. Und das ist es immer noch.

Das ist ein interessanter Unterschied zu früheren Jahren. In einem sehr viel älteren Interview ist zu lesen, dass Sie in Ihrer ersten Ehe eine andere Sicht auf das Zusammensein hatten. Sinngemäß haben Sie damals gesagt, dass jeder auch sein eigenes Leben haben müsse, dass jeder seine Freiräume brauche.

Das hat aber etwas mit dem beruflichen Aufbau zu tun. Da ist ja erst mal jeder bestrebt, seinen Beruf und seine Karriere zu machen. Gerade im Alter zwischen 25 und 40 Jahren – das ist diese Phase, wo jeder versucht, seinen Grundstock an Existenz zu gründen, und viel Zeit in den Beruf legt, was ja auch richtig ist. Die Konzentration liegt in dieser Zeitphase eben weniger beim anderen als mehr bei sich selbst.

Und das ist in einer späten Liebe anders?

Wir müssen uns nicht mehr beweisen, was wir noch alles erreichen können. Aber natürlich liebe ich meinen Beruf und bin wahnsinnig viel unterwegs. Ich würde dies auch nie aufgeben wollen. Es gehört ja auch zu meiner Selbstliebe, dass ich als Schauspielerin noch andere Leben leben darf.

Die Liebe in diesem neu gewonnenen Raum – wie gestaltet sie sich jetzt? Haben Sie sich verändert?

Wir haben mehr Zeit füreinander, als ich es vorher hatte. Aber sonst hat sich nicht viel verändert. Ich habe meine beiden Kinder und meine Enkelkinder. Sie haben ihr eigenes Leben, und dieses Leben kommt immer wieder zu mir herein. Ich freue mich sehr, dass meine Töchter wieder zu mir gefunden haben. Aber der Hauptfaktor für die Liebe heute ist unsere Zeit füreinander – und der Gedanke an den anderen.

Kann es sein, dass Sie jetzt die intensivste Liebe Ihres Lebens erleben?

Nein, das nicht! Ich habe mit 20 das Gefühl gehabt, dass ich den Mann an meiner Seite damals genauso intensiv geliebt habe. Ich hätte doch nie geheiratet, wenn ich nicht das Gefühl gehabt hätte: »Das ist meine Lebensliebe.« Ich war sehr verliebt, sonst hätte ich doch mit meinem ersten Mann nicht zwei Kinder bekommen. Anders kann man doch gar keine gemeinsame Zukunft als Familie beginnen. Liebe ist immer gegenwärtig und ein sehr momentaner, aber fließender Zustand. Und ich meine, dass man Liebe sowieso nicht messen oder taxieren oder festhalten kann.

Wie Sie über die Liebe heute sprechen, klingt es so, als herrsche immer nur Harmonie. Streiten Sie auch mal?

Ja, sicher! Auseinandersetzungen sind doch wichtig, auch die Konfrontationen mit Dingen. Unterschiedliche Meinungen zu äußern, das befruchtet ja eine Liebe auch.

Sind Sie jetzt sicherer geworden – im Streit und in der Auseinandersetzung mit dem geliebten Menschen?

Ich habe immer schon meine Meinung gesagt, aber ich war vielleicht nicht so mutig in der Äußerung. Ich habe viel von meinem Mann gelernt und vielleicht nimmt er auch etwas von mir mit. Natürlich gibt's Auseinandersetzungen über Dinge, die wir beide nicht so gleich empfinden. Mein Mann ist ein Stadtmensch, ich liebe das Land. Wir beurteilen Filme und Meinungen manchmal unterschiedlich, wir nehmen fremde Menschen und auch Freunde anders wahr. Es ist ja nicht so, dass wir immer und ausschließlich im Gleichklang sind. Das ist aber nicht störend, sondern eher befruchtend.

Aber es wird heute schneller ausgesprochen, wenn etwas nicht stimmig ist in der Beziehung?

Es hat mit dem Älterwerden zu tun. Ich weiß mehr, was ich nicht will, was mich stört. Ich weiß, was ich nicht mehr brauche, was ich ablegen kann oder was ich behalte und fördere. Weil man schon die Erfahrung gemacht hat, dass man gewisse Dinge nicht braucht oder braucht. Ich habe jetzt einen klareren Kopf für Ja und Nein.

Wie kompromissbereit ist Michaela May in dieser späten Liebe?

Ich muss überlegen, ob ich überhaupt Kompromisse mache (lacht). Ich glaube, ich bin kein Mensch für Kompromisse, noch nie gewesen (lacht). Ich habe immer geradeheraus gesagt, was mich stört, wie ich etwas empfinde. Ich habe nie etwas runtergeschluckt. Ich habe mich immer der Gefahr ausgesetzt, dass es dann unter Umständen auch Streit gab, aber ich musste es immer rauslassen. Ich habe immer das Gefühl gehabt, dass, wenn man etwas in sich hineinfrisst über Jahre, man krank wird, und ich wollte nicht krank werden. In der Liebe gibt es auch keine Diplomatie, sondern schonungslose Ehrlichkeit. Für mich ist es eine der wichtigsten Eigenschaften in einer guten Beziehung, dass man sich wirklich alles sagt. Wenn man nicht mehr alles sagen kann, dann liebt man nicht mehr.

Wie würden Sie das Glück in Ihrer zweiten Ehe beschreiben, wenn Sie es auf den Punkt bringen sollten?

Ich bin nicht allein. Das ist Glück. Ich weiß, wo immer ich bin auf der Welt und was immer ich tue, da ist jemand, der an mich denkt, der auf mich wartet, der mit mir ist mit seinen Gedanken. Ein Mensch, der mich unterstützt, der, sobald ich an ihn denke, mir ein warmes Gefühl vermittelt. Das klingt klein, ist aber für mich ganz viel.

Das ist doch das schönste Gefühl, dass man in einer Beziehung haben kann ...

Ja, das ist ganz viel, nicht allein zu sein, in vieler Hinsicht. Ich glaube, ich wäre nur ein halber Mensch, wenn ich diese Liebe nicht hätte. Dann würde ich erst mal gar nicht zurechtkommen. Nicht praktisch, administrativ, finanziell. Das würde alles gehen. Aber emotional nichts mehr teilen zu können, wäre für mich ganz schlimm und tragisch.

Der liebe Gott ist nicht so artig, wie man denkt

Claudia Hagge
UNTER UNS
PASTORENTÖCHTERN
Aufwachsen an einem Ort,
der stark und mutig macht
DEU
320 Seiten
ISBN 978-3-7857-2662-4

Blühender Flieder klettert ins Fenster hinein. Die Zugehfrau verteilt großzügig Klosterfrau Melissengeist an die Kinder. Und der Pfarrer vergisst eine Hochzeit in seiner Kirche. Atmosphärisch dicht beschreibt Claudia Hagge ihre Kindheit und Jugend in einem norddeutschen Pfarrhaus. Schon früh steht sie im Fokus der Dorfgemeinschaft, ist Projektionsfläche für Neid und Spott. Gleichzeitig bestimmen Werte wie Toleranz, Konfliktfähigkeit und innere Freiheit ihren Alltag. Ein mitreißend erzähltes Zeitdokument, das zeigt, warum Pastorenkinder so oft erfolgreiche Menschen werden.

Bastei Lübbe